看穿他人

人心是能夠被『閱讀』的

讀心術

人心是能夠被「閱讀」的

前言

我們可能因為不瞭解別人的心意而得罪過很多人、辦砸過很多事，失去了不少機會，自己也可能因此而受到傷害。同樣，有時我們對於別人的好意也會產生誤會，辜負了別人的一片好心，傷了別人的心還不自知。那麼，洞察人心真有這麼難嗎？不妨先來看一個小故事：

某市的一家劇院門口有一位常年行乞的老頭，衣衫襤褸，面容枯槁，看起來十分窘迫。然而，他每天的收入可不少。有一位年輕人出於好奇，經常在旁邊的咖啡店觀察這位老頭，這才發現，這位其貌不揚的乞丐有著驚人的看穿人心的本領。

他不像別的乞丐見人就伸手乞討，而是會先觀察從他面前走過的每一位行人，從他們的眼神和外表中判斷這個人是一毛不拔的「鐵公雞」，還是出手大

前言

方的「慈善家」，或者是心地善良的好心人。如果有人透露出一絲善意的目光，或者下意識伸手摸錢包的動作，他便會立刻抓住機會。這樣高明的行乞者，自然能夠頻頻獲利。

這位行乞的老頭並非天生的心理學家，也沒有受過任何專業的訓練，他之所以能夠在短暫的時間裡看出行人的心理，關鍵在於長期的觀察和與各種人打交道的經歷。

可見，人的心理是能夠被「閱讀」的，正如心理學家佛洛依德曾說：「任何人都無法保守他內心的祕密。即使他的嘴巴緊閉，但他的指尖卻喋喋不休，甚至他的每一個毛孔都會背叛他！」雖然人人都戴著面具，但每個人的心理仍然是有章可循的。生物學家和心理學家已經證實，我們的肉體和思想在生理上和心理上都是緊密結合在一起，精神和身體就像是一個硬幣的兩面，互相影響、互為因果。當我們思考時，大腦中會發生電氣化學反應，頭腦中的每一個想法都以這樣或那樣的方式影響著我們的身體。反過來，任何發生在我們身上的事

看穿他人讀心術

人心是能夠被「閱讀」的

情也會影響我們的精神活動，一個人的外表、姿勢、動作、說話的語氣，甚至一個眼神、一句歎息都在傳達他內心的所思所想。實際上，在人與人交流的過程中，這些非言語資訊占到了交流總量的九十%以上，人與人之間的交流大部分都是透過肢體語言和聲音來傳達的，而我們卻僅僅把注意力集中在別人對我們說了什麼。讀心術就是「讀」這些被我們忽略的「語言」，透過觀察他人的身體反應和特徵來瞭解他人的心理活動。

讀心並不是高深莫測的科學技術，而是一種人人都可以透過練習而掌握的一種能力，實際上我們每天都在做這件事，只不過我們自己並沒有意識到這一點。但只要你留心觀察、認真揣摩，久而久之也能夠練就讀懂人心的高明技巧。

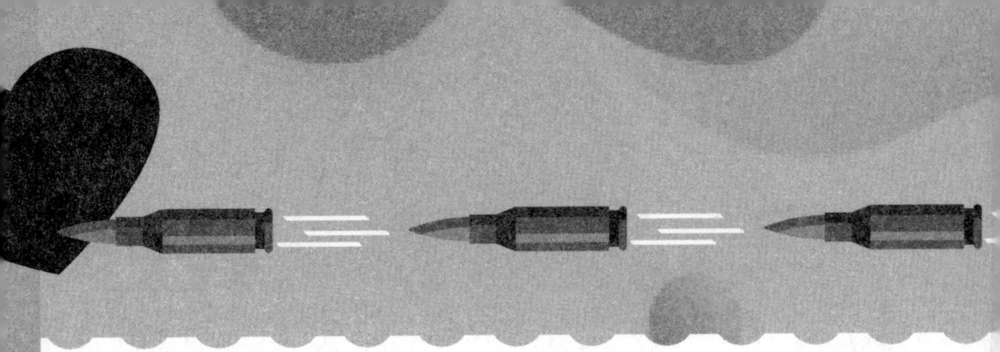

Chapter 1
如何識破謊言

-目錄-

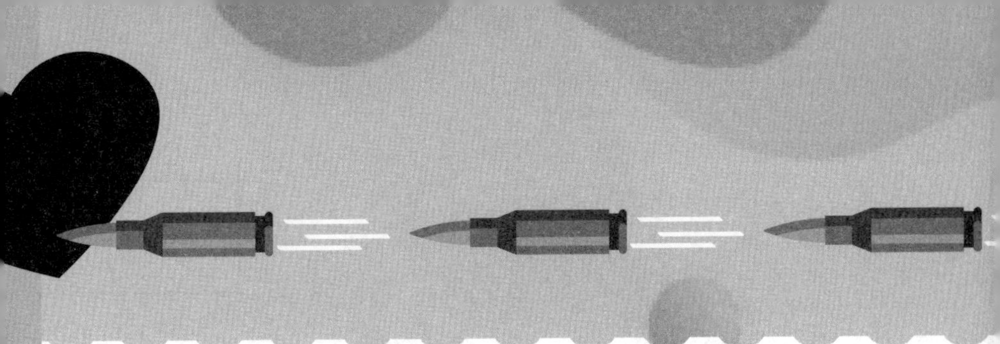

Chapter 3 從行為舉止看相處之道

-目錄-

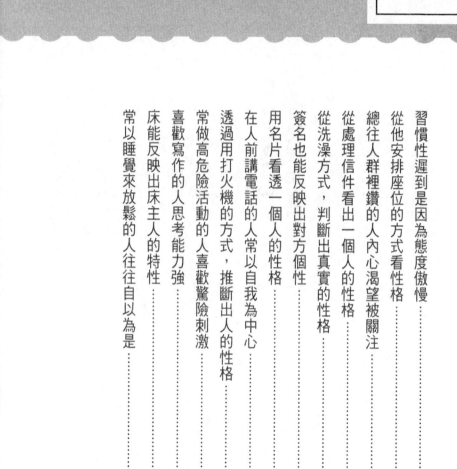

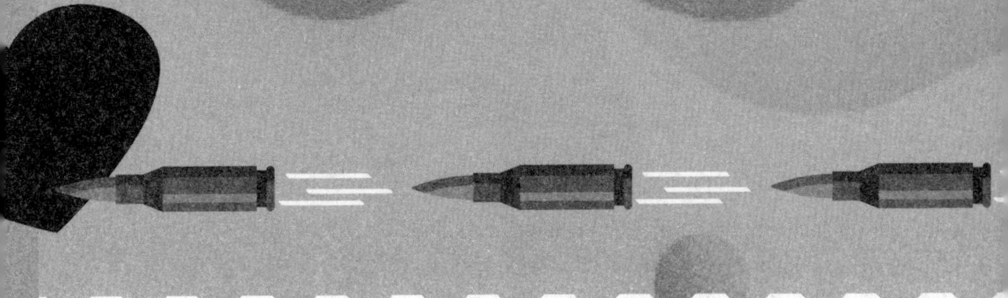

Chapter 4 生活細節中的個性痕跡

看穿他人讀心術

人心是能夠被「閱讀」的

Chapter 1

如何識破謊言

謊言，我們必須面對的事實

我們的大腦從接收到資訊到指揮身體各個部位發出資訊的剎那之間，經過了高速而縝密的思維過程，掌握語言中樞的新皮質大腦會根據不同的情況分析出最佳的對話策略，於是就出現了所謂的「口是心非」、「言不由衷」等情況。如果有人宣稱他這輩子從來沒有撒過謊，想必任何人都不會相信。

我們無法否認也無法拒絕我們生活在一個充滿謊言的世界裡這一事實，正如法國的沃爾納格所說，人人生來都是純真的，每個人死去時都是說謊者。的確，人人都會撒謊，從不撒謊的人大概只有三種：聖人、白癡、嬰兒。撒謊可以說是人類天性的表露。

例如，一個年年都是模範生的小學生為了獲得一次和同學去郊外野餐的機

Chapter 1

如何識破謊言

會，他會理直氣壯地告訴父母，週末的作業習題他都已經完成了，而事實上他才做了一半。

一個剛畢業不久的大學生，雖然只進入了一家普通的公司，拿著微薄的薪水，為了不讓家人擔心，就說他進了一家聲名顯赫的大公司，一個月的薪水有多少多少，而事實上他的薪水只有他說的一半。

心理學家告訴我們，說謊是人類區別於其他動物的重要特點之一，是人類社會生活中不可缺少的部分。有研究結果顯示，大多數人平均每天會撒兩次大謊，人與人的交談中有三分之一的部分存在某種形式的謊話，但是這其中只有五分之一被人們察覺到了，有八十％以上的人曾經為了獲取工作或保住職位而說謊，對伴侶說謊的頻率更是居高不下。

可見撒謊在我們的生活中比比皆是。甚至有位西方哲人說，社會就是由謊言組成的，人與人之間就是互相撒謊的關係。

這句話當然有些偏激，但不可否認，撒謊的確是人類日常生活的一個重要

人心是能夠被「閱讀」的

組成部分。只要我們稍稍留意一下，就會發現在我們的生活中，隨時隨地都會聽到各種各樣的大大小小的謊言，其中有一些只是善意的欺騙，還有一些是惡意的謊言，會對我們造成傷害，因此我們必須學會如何面對謊言，進而有效地保護自己。雖然我們無法阻止別人說謊，但是我們可以學著永遠不上當。

為什麼會出現「口是心非」

大家普遍認為，口頭語言是人際溝通的唯一途徑，但許多人卻忽略了，口頭語言並不是「百分百」準確。在很多情況下，口頭語言並不能將人們內心的真實想法，即所謂的「心口不一」，當然也包括了人際交往中常出現的「口是心非」。

我們已經知道，人體所有的行為都受到大腦的控制。不論是彎腰、搔癢，還是三級跳、後空翻，這些動作都是透過大腦掌控的。長久以來，在大多數人的印象中，我們每個人都只有一個大腦，實際上在我們的頭顱中，有三個截然不同的部分，或者說每個人其實有三個大腦，每個大腦都具有不同的特點和功能，它們合起來構成了完整的人腦，給人體的每個部位下達指令，這三個部分

人心是能夠被「閱讀」的

分別是腦幹、邊緣系統和大腦新皮層。

其中，邊緣系統對人類的非語言行為起著重要的作用，它主管人類的情緒和感覺功能。其他哺乳動物和人類一樣也有「邊緣系統」，這是大腦最古老的一部分，使得人類得以成為一個存活了數百萬年的物種。邊緣系統的主要功能是對我們的聽覺、視覺、感覺和觸覺做出反應。這些反應是即時的、一瞬間的、無須經過思考的；因此，它就能對環境做出最誠實的回應。

相比起來，「新皮層」則是人腦這一「寶庫」的最新成員，掌管記憶、計算、分析、解析和直覺等高級思維活動，而這些能力的高級程度是人類這一物種獨有的。

由於它具備複雜的思維能力，所以這一部分的大腦和「邊緣系統」不同，它並不總是老老實實的，相反，它會經常撒謊，是大腦構成的三個部分中最不可信的。當有個令人討厭的人走過身邊，老實的「邊緣系統」可能會迫使人們做出斜視的動作，這是下意識的。

Chapter 1

而聰明的「新皮層」則很善於對真實的感受撒謊。掌控大腦語言運動中樞的「新皮層」也許會讓我們在看到那個討厭的人時，一臉笑容地說「好久不見，真高興再見到你。」儘管這話一聽完全就是假的。由於「新皮層」擅長說謊，所以別指望能從它那得到既可靠又準確的資訊。

對於語言系統本身而言，這套符號系統若要傳播人們內心的想法，首先要進行編碼，把思想轉換為語言符號。當資訊傳遞給別人時，他人在領會意義時又要進行解碼，也就是把語言符號重新轉化為思想。但由於存在個人表達和他人理解的偏差，往往就容易讓接受者在資訊接輸上產生與本意有異的現象。

語言並非天生，而是經過後天的學習才能掌握的技能。對於一項客觀存在的技能，必然有人掌握得好，有人掌握得差。就像生活中，我們常會形容一些人口齒伶俐，而另一些人笨嘴拙舌，這個區別就來自他們對口頭語言技能的掌握。當然，這並不能作為判斷一個人聰明或愚蠢的標準，但往往容易讓人產生誤解。

看穿他人讀心術

人心是能夠被「閱讀」的

人們刻意地歪曲了內心的真實想法，這就導致了謊言的產生。在很多情況下，人們在說話時，會出於一定目的地隱藏自己的本意。無論是基於什麼原因，這些話都會對溝通和交流的效果大受影響，交流的時間被浪費，語言傳遞資訊的作用被削弱。

現實生活中，也許你還沒有意識到口頭語言的局限，相信看到下文列舉的場景後，你一定會覺得熟悉。

場景一：他接受你的觀點了

你試圖勸說一個頑固的人，雖然他表面上滿口答應，但目光斜視地面，雙手抱肩，一副十分猶豫的樣子。實際上，他內心也正在抵觸你的觀點，甚至可能計畫著明天依然照舊，絕不改變。與其繼續浪費時間，你還不如早些全身而退。

場景二：孩子的謊言

一些小朋友們因為犯了錯誤而害怕受到家長的懲罰，便向家長說謊。雖然他們言辭上沒什麼漏洞，但由於內心卻充滿了不安與愧疚，往往會在臉色、小動作或睡眠方面表現出異常。而這些反常的變化，就是孩子不誠實理由的最好證據。

場景三：朋友在說真心話

與朋友去賣場買衣服，當穿上自認為漂亮的衣服問對方時，對方可能說「不錯，還可以，你喜歡就好」。仔細觀察他的表情你可能會發現，他的鼻子和嘴像快擠到一起了，眉毛皺得都打了結。

這些表情都說明他沒有說真話，實際情況是——這身打扮在你身上真是糟糕透了。但為了避免傷害你的自尊和心情，你的朋友只能選擇一種舉動，那就是口頭上讚揚，身體上抗拒。這個時候，如果不是很為難，你最好考慮換衣服。

場景四：你到底有多高興

有時候，言語不能完整地表達出內心所想，例如，在我們長久夢想的事情實現時，當時的心情根本無法用詞來表達。因為，內心的感觸要遠比這些能說出的詞彙更加豐富。而那些快樂與幸福更將成為人們「只可意會，不可言傳」的心靈感觸。

綜上可見，人們內心與語言的不一致相當普遍。所我們在洞察人心的時候，不能完全依靠語言這一途徑。

謊話大王的四張面孔

雖說人人都會說謊，沒有一個人敢聲稱自己是絕對清白的，但人們說謊的頻率確實有所差別，的確有那麼一些人，是可信度極低的謊話大王，這些人正是我們平時最需要提防的人，對於他們所說的話一定要秉著「批判主義的精神」，當然，你也可以把他們當做你練習識破謊言技巧的最佳教材。

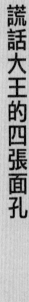

心理學家為我們總結出了最愛說謊的四種人：

1、虛榮心重的人

生活中的很多謊言都是因為面子問題而產生的，虛榮心重的人最看重面子，這類人十分在乎他人對自己的評價，喜歡受到關注和讚美，不願意別人看低自己，因為他們太注重外在的東西，而對個人的素質與氣質疏於培養，但又渴望得到別人的喝彩，於是他們憑內在的實力無法達到這種目的時，撒謊便成了他們使用的最便利的手段。

這類人常常在不熟悉的朋友面前編造一些美好的圖畫，例如自己的家庭背景有多好，身上戴的首飾值多少錢，甚至自己是哪所知名大學畢業的。當然，這些謊言僅僅是為了滿足個人的虛榮心，如果你識破了也大可不必揭穿它。

2、自卑感強的人

嚴重自卑的人通常敏感而脆弱，既能敏銳地感受到自己許多不如別人的地方，同時，又極容易把周圍一切人對自己的注意——哪怕是關心和幫助——看成是對自己的憐憫。因此他們需要一些謊言來安慰自己，或者是借助謊言來逃避，在別人面前樹立完美的形象，以謊言為武器來調整自己在他人心目中的位置和形象，用謊言來安慰、麻痺自己，在幻想中獲得滿足感和認同感。

3、過分爭強好勝的人

爭強好勝在一定程度上說是一種有益的個性，說明一個人積極進取、不甘落於人後，這樣的人也更容易在事業上有較大的成就和作為。但任何事情都有個限度，超過這個限度便走向它的反面。要強也是如此，事事要強，時時要強，總想高出別人一個頭，這作為一種理想是很不錯的，但如果把它落實在生活中，則太困難了。過分好強的人活得很累，他們事事都想出類拔萃，對自己要求很高。一旦失敗或者遭遇挫折，往往沒有勇氣面對，只能用謊言編織理由為自己尋找退路，維護面子和自尊，虛構成功的情景、矇騙他人或欺騙自己，便常常成為他們的拿手好戲。

4、過分以自我為中心的人

趨利避害是人的本性，每個人在思考問題、處理事情時，都不免會以自我為中心，首先考慮保全自己的利益。但這種以自我為中心的心理應有個限度。如果沒有損害他人的生活，大家自可相安無事。但如果一個人以自我為中心的心理嚴重到過分的地步，在與他人發生利益衝突的時候，在任何時候都只考慮自己的利益，損人利己的謊言也就隨之而來。

身體語言如何洩露謊言

可能很多人都會認為說謊是一件很容易的事，其實並不是這樣。說謊，尤其是想成功地說一次謊，是一件非常困難的事。為什麼說謊就這麼困難呢？主要原因在於當一個人撒謊時，他的潛意識不會聽從他的「指揮」，而會獨自行動。如此一來，他的身體語言就會使他的謊言不攻自破。

這就是為什麼那些平常很少說謊的人，一旦說謊，無論其謊言多麼完美，顯得多麼真實可信，都會很容易被對方識破。因為從他開始說謊的那一刻起，他的身體就會發出一些自相矛盾的信號（身體語言和有聲語言處於相互矛盾的狀態之中），這就會讓對方覺得他一定在撒謊。而那些職業說謊家，比如某些騙子，他們之所以說謊時不容易被別人識穿，關鍵就在於他們能夠有意識地將自己的身體語言和有聲語言協調到較為完美的境界。故而，當他們向人撒謊時，人們往往會深信不疑。

看到這兒，有些讀者可能會好奇地問，那些職業騙子是如何讓自己的身體語言和有聲語言達到較為完美境界的？一般來說，他們常用以下兩種方法來實現這一目的。其一，平日反覆練習說謊的時候做出正確的身體姿勢，長時間的反覆練習是必不可少的，一般為二到三年。其二，盡可能減少身體語言，尤其是自己潛意識不能控制的身體語言，這樣他們在說謊的時候，就會很少做出一些負面動作了。不過，要想做到這一點，往往是非常困難的。下面的這個實驗也證明了這一點：

實驗中，心理學家讓參加實驗的人故意向他撒謊，並讓他們儘量壓抑一切身體姿勢，不管是正面的，抑或是負面的。然而，那些故意撒謊的人雖然控制住了主要身體語言，但仍有不少的細微動作表現了出來。比如，瞳孔縮小、用手觸摸鼻子、扯扯衣領、臉色潮紅、鼻子出汗，以及其他許多的細微動作，而它們都意味著一個人在撒謊。

由此可見，要想成功地欺騙他人，最好的辦法就是將自己的身體隱藏起來，讓別人只能「聞其聲，而不能見其人」。也正是因為這個原因，審問嫌疑犯時，審訊人員往往會將疑犯置於一個空曠屋子的中間，或是置於較為強烈的燈光之下，以便讓他們的全身都暴露在自己的視線之中。這種情況下，嫌疑犯任何一個細微動作都逃不過審訊人員眼睛，他們一旦說謊，就會非常容易地被揭穿。

一般來說，當你坐在桌子的後面，並借用桌子部分抵擋住自己的身體，或是從關著的門後面露出腦袋對人撒謊就較為容易成功了。當然，輔助撒謊的最好工具還是電話，或者是LINE等聊天工具。

眼睛向右上方看，大腦正在製造想像

神經科學的研究告訴我們，當我們思考時，大腦中的不同區域會被啟動，導致眼睛向不同的方向運動。眼睛向左上方看時，表明大腦正在回憶過去的情景或事物；眼睛向右上方看時，表明大腦正在想像一幅新的畫面；眼睛向左下方看，表明大腦正在回憶某種味道或感覺；眼睛向右下方看，表明正感受到身體上的痛苦。也就是說，眼珠轉動的方向會暴露我們的思想。借助這個線索，我們可以從對方眼睛運動的方向來判斷對方是否在說謊。

具體來說，眼睛向左上方看，意味著大腦正在搜索記憶，所說的是真話；眼睛向右上方看，意味著大腦正在創建想像，所說的就是謊話。如果你週一早上問你的同事週末是怎樣度過的，對方回答：「帶兒子去遊樂場了。」此時，

人心是能夠被「閱讀」的

如果他的眼睛向左上方看，說明他腦海中正在浮現昨天和兒子在遊樂場玩樂的情景，並沒有撒謊。而如果他的眼睛向右上方看，則說明遊樂場一事只是他臨時編造出來應付你的謊言。

人們在思考時，眼睛的運動方向是由大腦內活動的區域決定的，很難人為控制，因此觀察眼睛的運動方向來判別謊言不失為一個很好的辦法。不過，為了確保判斷的準確性，使用這個方法還有兩個很重要的注意事項。

1、事先編造好謊言的人眼睛不會轉動

眼睛的轉動必須和相應的思維活動相聯繫才有意義，如果人們已經事先準備好了一套說辭，就等著你問他了，那你就不會看到他的眼睛運動有什麼不同。因為即使謊言是虛構的，此時也變成了一種記憶。因此，只有在人們在沒有準備的情況下，一邊說話一邊構造謊言的時候，才能採用這種方法來判別。

2、EAC眼睛解讀線索並不適用於所有人

EAC模型總結了大多數人的眼睛運動方式，但它並不適用於所有人，現

實生活中總是存在著許多例外情況。例如，慣用左手的人眼睛轉動的方向可能正好相反，往左上方看不是回憶而是編造謊言的表現。為了確保判斷的準確，可以先提一些試探性的問題，找到對方眼睛轉動的規律。例如，你可以先問對方「你覺得二十年後你會是什麼樣子？」這是一個關於想像的問題，仔細觀察可以確定他在創建想像時眼睛轉動的方向，然後就可以進行正確的判斷了。

人心是能夠被「閱讀」的

避免眼神接觸，因為害怕被人看穿

大多數人在說謊時心中難免會有愧疚之感，以及擔心謊言被揭穿的恐懼，愧疚和恐懼都會從他們的眼睛裡流露出來，比如迴避目光交流，或是低頭不看對方，或是明顯地把頭偏向一側，這些都可以說明這個人不坦誠。說謊時如果與別人對視，心裡會更加緊張，然後就反映在眼睛裡，因此說謊者本能地轉移視線，以消除緊張感。

避免眼神接觸或很少直視對方，是典型的欺騙徵兆。人在潛意識裡覺得別人會從他的眼睛裡看穿他的心思，因此很多人會儘量避免和對方眼神接觸，因為心虛所以不願意面對你，眼神閃爍、飄忽不定，或者不停地眨眼。

影視劇中經常可以看到這樣的片段，一個人懷疑別人在對他撒謊，於是對那個人說：「看著我的眼睛，告訴我，到底是怎麼回事。」而對方卻把頭低下或者轉開，不敢直視對方。的確，眼睛很容易洩露謊言，持續長久和躲躲閃閃的目光接觸都是對方在說謊的重要標誌。

揉眼睛則是另一種避免眼神接觸的方式。當一個小孩不想看到某些人或某些事情的時候，他可能會用一隻或兩隻手來揉自己的眼睛，成人也一樣，當他們看到某些不愉快的東西時，也可能會用手揉自己的眼睛。

揉眼睛這個動作是大腦不想讓眼睛看到欺騙、疑惑或是其他不好的東西，或者是不想讓自己在說謊時與別人發生眼神接觸，以免自己因心虛而露餡。一般來說，當一個男性撒謊時，他可能會用力揉自己的眼睛。如果謊撒得較大，他會轉移視線，通常是將眼睛朝下。當一個女性撒謊時，她不會像男性那樣用力揉自己的眼睛，相反的，她僅會輕揉幾下眼部下方，同時將頭上仰，以免和對方發生眼神接觸。

頻繁眨眼也是說謊的標誌之一。科學家透過暗中觀察記錄，發現人們在正常而放鬆的狀態下，眼睛每分鐘會眨六到八次。而這種間隔在非正常狀況下會被打破。所謂非正常狀態就是說你的內心情緒有較大起伏，比如因為說謊而緊張，這個時候眨眼睛的頻率就很可能顯著提升。

撒謊的人內心無法平靜，承受著擔心謊言被識破的巨大壓力。在這種壓力下，說謊者或許可以控制自己的口頭表達，但卻很難控制身體語言，於是眼睛因為巨大的緊張感而不停的收縮。

當一個人心理壓力忽然增大時，他眨眼的頻率就會大大增加。比如，正常條件下（職業騙子除外），當一個人撒謊時，由於害怕自己的謊言被對方揭穿，他在說完謊話後，其心理壓力會驟然增大，相應地他眨眼的頻率會大大增加，最高可達每分鐘十五次。所以，你在和某個人談話時，如果你發現他老是不斷地眨眼睛，說話也變得結結巴巴，你就得留心他所說話內容的真實性了。

此外，英國動物學家在觀察員警審訊的過程中發現，當人們說謊或努力掩飾某種情感時，他們眨眼時眼睛閉上的時間會比說真話時更長，這是另一種避免眼神接觸的方式，說謊者在無意識中透過延長眨眼時間給自己關上「一道門」，進而減輕內心因說謊而產生的愧疚感。

四目交接超過五秒，說謊指數百分百

人們往往相信，當一個人說謊時，他會因為心虛而不敢正視對方的眼睛，而是將自己的視線移向一邊。那麼我們是否可以就此認定，當一個人和另一個人談話時只要他敢於直視對方的眼睛，他就一定沒有對對方撒謊呢？先暫不回答這個問題，一起來看心理學家下面這個實驗。

實驗中，心理學家把參加實驗的人員分為甲乙兩組，並讓甲組的人對乙組的撒謊，同時，心理學家還要求甲組中八十五％的人在撒謊時一定要看著對方的眼睛。隨後，心理學家對甲乙兩組人員的撒謊過程進行了錄影。錄影完畢後，心理學家來到一家電視臺做了一期「你能識別哪些人在撒謊」的談話節目。讓台下觀眾看完錄影節目後，心理學家便開始讓他們來識別哪些人在撒謊，並讓他們說明各自的理由。

結果發現，很多觀眾都中了心理學家的「圈套」。那些在撒謊時注視對方眼睛的「騙子」中有九十五%的人沒有被觀眾識破，他們認為那些「騙子」在實話實說。因為「騙子」們在說話時敢於注視對方的眼神。而在那些事先沒有被心理學家叮囑過在撒謊時要注視對方眼神的「騙子」中，有八十%的人都被觀眾識破了。可見，「注視對方的眼睛」正是說謊者用來偽裝的有力道具之一。

由此，我們也就可以回答文章開始提出的問題了。長久以來，變幻莫測的眼神、頻繁的眨眼、不敢對視，都被認為是說謊的信號。這些看法都有道理，但是由於大多數人都這麼想，所以很多人在說謊時就利用了這種心理，故意盯著對方的眼睛，顯得那麼從容不迫、遊刃有餘，以此表明自己沒有撒謊。

視線的轉移確實會顯露出一個人的情感狀態，例如悲傷時我們的眼睛會向下看，羞愧時我們會低下頭，如果不同意對方的觀點，則會直接把視線從對方身上移開。但說謊的人絕不會這麼做，因為他們害怕被你看穿。

人心是能夠被「閱讀」的

一整天，男朋友的手機都處於關機狀態，小潔很著急。第二天見面時，小潔裝作很隨意地問男朋友，昨天是怎麼了，一整天都關機？男朋友為了掩蓋自己的緊張，認真地看著小潔說：「哦，昨天手機沒電了就自動關機了，我還不知道呢，晚上想打電話給妳才發現的。」男友說話時一直看著自己的眼睛，一副坦誠認真的樣子，可是小潔還是覺察到了異樣。

說謊者的騙術固然高明，但也不是完全沒有破綻，因為這種可以的「盯」和自然的凝視眼神是不同的。仔細觀察就會發現，這種凝視很不自然。如果兩個人在進行正常的交談，的確會有頻繁的眼神交流，特別是非常專注、相談甚歡的情況下，眼神交流的頻率會增加。但正常情況下，一方把視線放在另一方身上的時間平均每次只有三秒鐘，而兩個人真正四目交接的時間長度平均每次只有一秒鐘，只有深情對望的情侶才會超過五秒。因此，如果對方「用力」地看著你的眼睛，刻意延長和你對望的時間超過五秒鐘，那就是他企圖掩蓋謊言的表現，這個時候說的話，百分之百不能信。

假表情總是慢半拍、持續時間長

人的臉部表情可以說實話也可以說謊話，而且常常是在同一時間內既說實話又說謊話。在社會生活中，人們時常利用臉部表情來作為掩飾和偽裝其真實思想感情的「面具」。例如，因違規而受到交警訓斥的司機為了避免把事情搞得更糟，往往故作笑臉，表現得客客氣氣；一對正在家中賭氣的夫妻，一旦有貴客來訪，便會裝出沒事的樣子，笑臉相迎。當人們撒謊時，也會製造虛假的表情來掩蓋真相，為了識別謊言，我們必須學會如何識別虛假表情。

虛假表情包括兩種，偽裝的表情和克制的表情。偽裝，即假裝出一種與自己真情實感相反的情感，例如小學生假裝肚子疼請假回家時臉上裝出的表情。克制，即為了不讓別人發現我們真實的情感，努力控制自己的臉部肌肉，故作鎮定。善於撒謊的人往往會小心翼翼，不讓他們真實的情感以這種方式偷偷顯露出來。

無論是偽裝還是克制，虛假表情的表現方式畢竟與自然流露的表情有所不同，最重要的區別即虛假表情總是慢半拍，而且持續時間長。情緒出現的時間快慢是很難人為控制的，由於刻意製造的假情緒不是自然發生的，因此它出現的時間總是會稍微延後，持續時間也會比真實的表情要久，然後就「突然」消失了。

1、假表情總是慢半拍

反映內心真實感受的表情被稱為「最初的反應表情」，會在情感產生的一秒鐘之內立刻流露出來，之後才能進行人為的掩飾或偽裝。因此，如果對方話還沒說出口，或者剛開始說話時看起來就很生氣，那麼他可能確實被激怒了。相反，如果他說完之後才開始表現出很生氣的樣子，撇著嘴、瞪大了眼睛，這就是刻意加上的表情，並非出於內心的真實情感，對方只是想表現出很生氣的樣子。

2、假表情持續時間長

表情持續的時間長短也可反映出說謊的印跡。停頓時間長的表情通常是假的，比如十秒鐘或十秒鐘以上的時間，甚至停頓五秒鐘的表情也可能是不真實的。除了那種極其強烈的情緒感受，比如欣喜若狂、勃然大怒、悲痛欲絕等，自然的表情都不會超過四到五秒鐘。而且，即使是非常激動的情緒，其表情也不可能持續太久，而是一陣陣地、短暫地出現。只有象徵性表情和嘲弄式表情是長時間存在的。例如，真正的驚訝表情從形成到消失不到一秒鐘，如果有人對你說的話展現出長達三秒的驚訝表情，他多半是在故意假裝自己不知道這件事。

臉部表情是說謊者最容易作偽的部位，這給判斷一個人是否在撒謊帶來了麻煩。好消息是，臉部表情中總有一部分是人為無法控制的、情不自禁流露出來的，因此我們可以透過識別對方臉上掩飾不住的真實表情來揭穿謊言。

人心是能夠被「閱讀」的

面頰膚色變化就是典型的緊張徵兆。面頰的顏色會隨著情緒的變化而發生相應的變化。面頰膚色的變化是由自主神經系統造成，是難以人為控制或掩飾的。最明顯的是變紅和變白。人們最常見的面頰變紅經常出現在害羞、羞愧或尷尬等情形中，臉紅也是憤怒的表現，憤怒時面頰狀態轉為通紅而不是由面頰中心慢慢擴散開來。

當憤怒中的人們想極力抑制自己的怒氣和克制自己的攻擊性衝動時，其面頰膚色會變得蒼白，當人們處於驚駭的情緒狀態下，面頰膚色也會變得蒼白。可見，由面頰膚色的變化我們可以觀察到對方真實的情感。類似的線索還有很多，只要在生活中留心觀察，定能有所收穫。

突然放大的瞳孔揭示隱藏的情感

人類瞳孔的變化是不由人的主觀意志控制的，完全是下意識的反應，因此可以真實地反映人的情緒變化。前面已經提到，人的瞳孔會隨著情緒的變化而相應的放大或縮小。無論說謊者的演技多麼高超，他也無法掩蓋這一點。瞳孔的這種變化是人無法控制的，因此只要我們留意觀察對方的瞳孔，就能斷定他是否在說謊。

當我們對眼前的事物或者談話內容感興趣的時候，瞳孔就會放大。如果一個人的瞳孔變化和他試圖表現出來的情緒不相符，就可以懷疑他所說的真實性。員警在詢問嫌疑人時經常會用到這個方法。

例如，員警想要知道嫌疑人和另一名疑犯是否相互認識，會把許多張照片一張一張地給嫌疑人看，其中只有一個是目標人物，嫌疑犯看到目標人物的照片時，瞳孔會突然放大然後恢復，員警如果能夠觀察到這個細節，基本上就可以下結論了。

關於瞳孔與謊言的關係，俄國有一個故事。一個叫卡莫的俄國人在外國被員警逮捕，沙皇政府要求引渡他。卡莫知道，一旦他回到俄國，無疑將面臨死刑。於是他裝成瘋子，企圖以此逃過懲罰。他的演技騙過了一位又一位經驗豐富的醫生，最後他被送到德國一個著名的醫生那裡進行鑒定。

這位醫生把一根燒紅的金屬棒放在他的手臂上，為了逃避懲罰，卡莫忍受著巨大的疼痛，沒有喊叫，也沒有露出任何痛苦的表情，但是他的瞳孔因為痛苦和恐懼而放大了。聰明的醫生看到了這一點，完全明白了他不是喪失了知覺的瘋子，而是一個正常人。

可見，演技再高超的騙子也無法控制自己瞳孔的大小變化。故事中的醫生正是利用瞳孔與恐懼情緒之間的聯繫發現了欺騙者的破綻。反過來，人們也可以利用瞳孔變化與興奮情緒之間的聯繫來識破謊言。

第二次世界大戰期間，盟軍反間諜機關抓到一個可疑的人物，此人自稱是來自比利時北部的『流浪漢』。這位『流浪漢』的言談舉止十分可疑，眼神中露出一些機警、狡黠，不像普通的農民那麼樸實、憨厚。法國反間諜軍官吉姆斯負責審訊此人，吉姆斯懷疑他是德國間諜。

第一天，吉姆斯問這位『流浪漢』：「你會數數嗎？」『流浪漢』點點頭，開始用法語數數，他數得很熟練，沒有露出一絲破綻，甚至在德國人最容易露餡的地方也沒有出錯，於是，他過了第一關。

吉姆斯設計了第二招，讓哨兵用德語大聲喊：「著火了！」然而『流浪漢』似乎完全聽不懂德語，一動不動地坐在椅子上，臉上也沒有任何表情。吉姆斯心想，這個間諜果然不簡單。

吉姆斯冥思苦想，想出了一個特別的辦法。第二天，士兵將『流浪漢』押進審訊室，他依然是一副無辜的樣子，十分冷靜。吉姆斯看見他進來，假裝非

人心是能夠被「閱讀」的

常認真地閱讀完一份檔案，並在上面簽字之後，故意用德語說：「好啦，我知道了，你的確是個普通的農民，你可以走了。」

『流浪漢』一聽到這話，誤以為他騙過了吉姆斯，不自覺地卸下了防備，於是抬起頭深深地呼吸，瞳孔突然放大，眼睛裡閃過一絲興奮。吉姆斯從這短暫的表情中看出了端倪，看來這位『流浪漢』確實會講德語，而且之前一直是在偽裝。吉姆斯抓到這個細節，對『流浪漢』進一步審訊，終於揭穿了他的謊言。

瞳孔放大必然和恐懼、興奮等情緒有聯繫，即使對方的身體一動不動，一言不發，僅從瞳孔的變化也可以發現他企圖掩藏的情緒，進而揭開謊言。

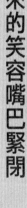

硬擠出來的笑容嘴巴緊閉

最常用來掩飾情感的面具就是微笑。達爾文曾經作過相關的研究，他聲稱，人們通常企圖掩飾消極的情感，而微笑所使用的肌肉與消極情感所使用的肌肉最無關。因此謊言往往伴隨著虛假的笑容，笑容具有極強的感染力，也有極大的欺騙性，虛假的笑容有時甚至比惡語相向更有殺傷力，因為它戴著善意的面具。我們可以透過對方臉上的細節來識別虛假的笑容。

真正的笑容總是最全面的，能夠讓整張臉都亮起來。如果，只是嘴角動了動，嘴巴緊閉，眼睛周圍的輪匝肌和面頰拉長，這就是假笑，也就是所謂的皮笑肉不笑。假笑時面頰的肌肉鬆弛，眼睛不會眯起。狡猾的撒謊者將大顴骨部位的肌肉層層皺起來以彌補這些缺憾，這一動作會影響到眼輪匝肌和鬆弛的面

人心是能夠被「閱讀」的

頰，並能使眼睛眯起，進而使假笑看起來更加真實可信。

一個人發出真心的燦爛笑容時，眼角和嘴角都會浮現出細細的紋路。要知道為什麼臉部紋路成為真笑與假笑的區別之處，就要先知道人的笑容運作的科學道理。人的笑容是由兩套肌肉組織控制的：以顴肌為主的肌肉組織可以控制嘴巴的動作。使嘴巴微咧，露出牙齒，面頰提升，然後再將笑容扯到眼角上；而眼輪匝肌可以透過收縮眼部周圍的肌肉，使眼睛變小，眼角出現皺褶。

我們的意識可以控制以顴肌為主的肌肉組織。也就是說我們自己可以命令這部分肌肉運作，即便我們的內心沒有感覺到愉快，也能製造出嘴部的笑容。而眼部周圍的眼輪匝肌的收縮卻是完全獨立於我們意識之外的，我們不能自主地控制。只有內心真正的愉悅才能激發它的運作。所以在一張不真誠的笑臉上，細紋只會出現在嘴的四周。

此外，假笑時，面孔兩邊的表情常常會有些許的不對稱。習慣於用右手的人，假笑時左嘴角挑得更高，習慣於用左手的人，右嘴角挑得更高。而真實的笑容，兩邊的嘴角都會被最大限度地抬起，而且不會不對稱。

笑容的時間長短也可以作為判斷的依據。假笑保持的時間特別長。真實的微笑持續的時間只能在二秒到四秒之間，其時間長短主要取決於感情的強烈程度。而假笑則不同，它就像宴會後仍不肯離去的客人一樣讓人感到彆扭。這是因為假笑是刻意偽裝的，所以人們就不知道應該什麼時候收起笑容，無形中延長了笑容的時間，露出了破綻。而且，假笑常常可以在很短的時間裡被堆出來，而真實的笑容往往需要更長的時間才能展現出完整的笑容。

如果一個人不想暴露內心的真實感受，他可能會帶上「我很快樂」的面具，你只需切記，不是發自內心真實感受的笑容，是不會在臉上完全綻開的。

透過身體語言來識別謊言

人類大腦的邊緣系統是非常誠實的，由邊緣系統掌控的肢體行為會如實地反映我們的想法，這些動作是我們的主觀意識無法控制的下意識的動作。

我們之所以可以透過身體語言來識別謊言，原因就在於說謊行為本身的複雜性。看似漫不經心的一句謊言，想要做到滴水不漏不被人懷疑，其實是一件需要動員全身器官共同參與的龐大工程。因此，無論一個人的口才多麼好、說謊技術如何高明，他的肢體都會「出賣」他。

人們在說話時，實際上同時在意識和無意識兩種層面上進行交流，說謊者把精力集中在編造謊言、如何應答上面，因此很難控制自己的身體語言。由於人們在交流中同時傳遞這兩種資訊，因此說謊能否成功關鍵就在於對意識和無意識兩種資訊表達的控制。

講真話的人，意識表達和無意識表達總會保持一致，而一旦語言和動作之間出現不一致，我們就有理由表示懷疑。在這種情況下，我們難以控制的無意識信號，即動作和姿勢，往往才是真情實感的表達，也就是說，當動作和語言自相矛盾時，所說的話就很有可能是假的。

生活中經常可以見到這樣的例子，例如，抱怨感冒頭痛跟公司請假，卻以輕快的步伐走下樓梯；嘴上明明說「不是」，同時卻在點頭；再如嘴上正在說好話，兩個拳頭卻緊緊地握在一起，那分明就是討厭的表現。

曾擔任過六百多件法庭審判的顧問的喬愛琳·狄米曲斯在《讀人》一書中提到過這樣一幕：一次挑選陪審員時，負責此事的律師的妻子流產了，他向法官請求准他一天假好陪在妻子身邊，但法官拒絕了，因為這會耽誤工作。但是律師不得不走，把工作交代給其他同事後就離開了，而此時法官要求其他同事代他向律師以及妻子表示最大的祝福。

人心是能夠被「閱讀」的

喬愛琳注意到，從字面上看，法官的話語似乎充滿了同情，但從他當時說話的表情和動作姿勢中，絲毫感覺不到同情和溫暖之意。他臉上沒有表情，一邊說話還一邊低頭批閱檔案，這表明他壓根就不關心律師和他家人的命運。稍後，法官因為另一件事情對一名陪審員咆哮，從言語上看他似乎很生氣，但他的肢體語言卻揭露了真實的情緒，他的動作並沒有反映出怒火——身體沒有靠前、沒有任何手勢或者臉紅。儘管法官說話時故意很大聲、裝作很生氣的樣子，但他的肢體語言卻說明他不過是在利用憤怒的聲音恐嚇威脅對方，因為他自己缺乏合適的理由說服別人。

動作和語言不一致還有另一種情況，就是時間點不對，這和假裝的表情是一個道理。例如一個人在假裝生氣地說話之後，會故意用拳頭捶桌子或者揮舞手臂作為強調，以此來讓自己看起來真的很生氣。這種事後追加的動作都是刻意為之，並非發自內心。

因此，我們聽別人說話時，要同時注意他的肢體語言，拿肢體語言、表情和說話內容作比較，才能看出一個人的真實情緒和動機，除非動作、聲音和說話內容彼此符合，否則就一定有所掩飾，那就需要我們仔細觀察去找出線索。

一旦認清了一個人的習慣做法，也就很容易推測他的其他行為。

最常見的說謊動作

頻繁用手觸摸自己的鼻頭或者手指不時輕觸嘴唇，是最常見的說謊動作。一旦他的手離口鼻很近，基本上都有說謊的嫌疑。如果他在說話時用手捂住嘴巴，那就表示連他自己都不相信自己說的是實話。這些手部動作起著遮掩的作用，是說謊者在潛意識裡企圖隱藏真相。

美國前總統尼克森被迫下臺之前，議會對「水門事件」展開了調查，當時他正在國會接受審問。在審問期間，人們驚奇地發現，他經常會出現一種非常明顯的慣性動作——老是不斷地用手觸摸自己的臉頰及下巴。

在談話過程中，時而雙手掩面或摸臉，就好像在說：「我不想聽你說這些，我不想再談論這個話題了」，正是因為心中常有不為人知的隱情，感到非常焦處，進而不停地用手接觸臉部。用手捂嘴和觸摸鼻子是兩種典型的說謊標誌。

1、用手捂嘴

這是一種明顯未成熟，略帶孩子氣的動作，很多小孩尤其喜歡使用此種姿勢，當然，一些成年人偶爾也會使用此種姿勢。一般來說，使用此種姿勢的人會在自己說完謊話後，迅速用手捂住嘴，同時用拇指頂住下巴，讓大腦命令嘴不要再說謊話。

有些時候，某些人在做這一姿勢時，僅會用幾根手指捂住嘴，或是將手握成拳頭狀，放在嘴上，但其蘊涵的基本意義是不變的。還有一些人則會借咳嗽的動作來掩飾其捂嘴的動作，以分散別人對自己的注意力。

2、觸摸鼻子

觸摸鼻子是用手捂嘴這一姿勢的「變異」，相比於用手捂嘴，它更具隱匿性。有些時候，它可能是在鼻子下面輕輕地撫摸幾下，也可能是很快，幾乎不易察覺地觸摸鼻子一下。一般來說，女性在完成這一姿勢時，其動作幅度要比

人心是能夠被「閱讀」的

男性輕柔、謹慎得多，這可能是為了避免弄花她們的妝容吧。

關於觸摸鼻子的原因，有這樣兩種較為流行的說法，其一，當負面或不好的思想進入人的大腦後，大腦就會下意識地指示手趕緊去遮住嘴，但是在最後一刻，又怕這一動作太過於明顯，因此手迅速離開臉部，去輕輕觸摸一下鼻子。

其二，當一個人說謊的時候，其身體會釋放出一種叫做「兒茶酚胺」的化學物質，這種物質會使說謊者鼻子的內部組織發生膨脹。與此同時，一個人撒謊的時候，其心理壓力會陡然增大，血壓也會迅速升高，這樣鼻子就會隨著血壓的上升而增大，這就是所謂的「皮諾丘的大鼻子效應」。血壓的上升使得鼻子開始膨脹，鼻子的神經末梢就會感到輕微的刺痛。不由自主地，說謊者就會用手快速地觸摸鼻子，為鼻子「止癢」。此外，當一個人感到緊張、焦慮，或是生氣的時候，這種情況也會發生。

看到這裡，可能有讀者朋友會問，現實生活中的確存在鼻子真正發癢的情況啊，那該如何去區別兩者呢？很簡單，當一個人鼻子真正發癢時，他通常會用手揉鼻子或是用手撓來止癢，這和說謊是用手輕輕、快速地觸摸一下鼻子是不同的。跟用手捂嘴的姿勢一樣，說話的人可以用觸摸鼻子來掩飾他的謊言，聽話者也可以用觸摸鼻子來表示對說話者的懷疑。

需要注意的是，不時用手接觸口鼻雖然是一個人說謊時最可能用到的姿勢，但這絕不意味著只要一個人做出了這些動作，我們就可以立即斷定他一定在撒謊。比如，某人說話時，之所以會捂住自己的嘴是因為他有口臭，如果我們據此就認為他在撒謊就會傷害到對方的。再如，當一個人陷入沉思而做出以上的動作，通常只是表示他完全沉浸在自己的思考當中。

手和腳的動作都傳遞著資訊

心理學家指出，手勢在很多時候是一種無意識的動作，能較為真實地反映說話人的心理狀態。由於人們經常使用手勢，而且手部的動作比腿部的動作更容易觀察到，因此手勢是識別謊言的絕佳突破口。不過，只要我們仔細觀察，就會發現手和腳的動作都傳遞著資訊。

汽車銷售員小陳最近業績明顯下滑，經理為他：「你這個月怎麼回事，業績還沒有上個月的一半？」

原來小陳最近迷上了網遊，每天玩遊戲到凌晨兩、三點，早上起不來，工作也提不起精神。被經理這麼一問，不由得僵住了身子，把雙手貼在大腿兩側，低著頭小聲說：「最近我爸身體不好，需要人照顧。」

像小陳這樣，手腳貼近身體，身體缺乏動感，是明顯的說謊特徵。為了更好地識別人們在說謊時的狀態，我們先來回想一下正常情況下的動作和姿勢。當一個人充滿自信、自由自在的時候，手和腳會自然地向外延伸。當他對自己所說的話深信不疑、感到興奮時，會不自覺地運用各種手勢來強調自己的觀點，例如用手指指著別人或指向空中，表達堅定的觀點。

反過來，當人們說謊時，由於集中精力在編造謊言上，身體語言會缺乏動感，明顯的區別就是手和腳的動作會減少。如果是坐著，他可能會把雙手放在大腿上，雙腿交疊在一起；如果是站著，他可能會把手完全插在口袋裡，或者雙手緊握，手指蜷向掌心，這是出於防衛心態。說謊者缺乏安全感，因此會做出這些手腳蜷縮、貼近身體的姿勢。其他典型的還有把手指放在嘴裡、抓撓脖子以及拉扯衣領。

1、把手指放進嘴裡

一般來說，一個人做出此種動作往往是下意識的，因為他可能正面臨著巨大的壓力。他之所以會做出這個動作，最主要的目的是想重新獲得自己幼兒時期吮吸媽媽乳汁的安全感，因為在一個人的潛意識深處，吮吸媽媽乳汁是最有安全感的。所以，很多孩子在成年以前會用自己的指頭或者衣領來替代媽媽的乳頭，成年以後，他們則會用口香糖等來代替。而說謊時擔心被識破的不安甚者恐懼，激發了這種吸允動作，因此很多說謊者會把手指放在嘴裡，甚至開始咬指甲。

2、抓撓脖子

有些時候，一些人在撒謊時會用食指來撓耳垂以下的脖子部位。如果仔細觀察一下，你就會發現撒謊者通常會撓五次左右，很少會出現少於四次或多於八次的情況。一般來說，撓脖子這一姿勢代表不安、疑惑，或是「我也不確定我會同意」，「應該不會那樣吧」等意思。如果一個人說的話與這一動作相矛盾的話，就會表現得非常明顯。比如，一個人說，「我比較同意你的看法」，與此同時他又用手撓著自己的脖子，這就表明他心裡其實並不是真正同意你的看法。

3、拉衣領

身體語言學家透過實驗發現了這樣一個有趣的現象：當一個人撒謊時，會導致臉部和頸部的一些敏感組織產生輕微的刺痛感，為了緩解或消除這種刺痛感，撒謊者往往會用手去撓或搓那些產生刺痛的部位。這就不僅說明了為什麼人們在感到不確定的時候會用手撓脖子，也很好地解釋了為什麼一個人在說謊並懷疑自己的謊言已經露餡時，會不由自主拉自己的衣領。

4、不接觸對方的身體

身體接觸通常發生在親密的人之間，是親近的表現。人們說謊時，會暫時停止接觸對方的身體，以此來降低心中的罪惡感。

類似的安慰動作還有很多，下一次，當你看到別人在聽到你的提問後，手腳弓成像胎兒的姿勢，手腳的姿勢都很僵硬，除非他是真的感到身體不舒服，否則就一定有所隱瞞。

不安的雙腳洩露緊張情緒

英國的一名心理學家透過實驗發現了一個有趣現象：人體中離大腦越遠的部位，越有可能反映一個人內心的真實感情。臉離大腦最近，因此人們常常偽裝出各種表情來撒謊，可信度最低；手位於人體的中間偏下部位，可信度中等，一個人會或多或少地利用手勢來撒謊；而腿和腳離大腦最遠，相比於人體其他部位，它的可信度最高，一個人腳上的動作往往會洩露其內心的真實情感，當你懷疑一個人在說謊，但卻看不出什麼破綻時，不妨多加注意他的腿和腳的動作。

在某次會議上，總經理要求各部門經理彙報近半年以來的工作情況。很快，就輪到陳經理發言了。他整理了一下自己的衣領以後，便面帶微笑地開始總結自己部門的工作情況。

在他發言的過程中，總經理覺得陳經理今天有點不對勁，雖然他面帶微笑，但嘴角總會偶爾歪斜一下，拿文件的手也在微微地顫抖著，更為奇怪的是，他的雙腳在那不停地滑來滑去。稍微想了一下，總經理頓時明白了其中的原因。會議結束後，總經理要陳經理留了下來，說有事要單獨和他談談。待陳經理坐下後，總經理單刀直入地問道：「你為什麼要在總結工作時撒謊？」一聽這話，陳經理頓時滿臉通紅，連忙向總經理道歉，並請求其原諒自己。

為什麼總經理知道那位陳經理在撒謊呢？很簡單，因為陳經理在說謊的時候，儘管他做出了一些虛假表情，如面帶微笑，並且努力控制自己的手部動作（其實還是沒有完全控制住，仍舊在微微顫抖），但是他沒有意識到在自己的發言中嘴角出現了歪斜，更為重要的是，他沒有意識到自己下半身的動作增多了，如雙腳在那「滑來滑去」，這些恰恰是一個人說謊時的經常動作。而他的這一切，正被總經理盡收眼底。這也是為什麼很多企業的總裁總是喜歡坐在不透明的辦公桌後面，讓桌子遮住自己的下半身，他們才感到舒適自在。因為一個人在撒謊時，他雖然可以控制上半身的動作、表情，但卻無法有效控制下半身，尤其是腿和腳部的一些動作。

因此，當我們看到一個人雙腳處於一種不安的狀態，不停抖動或者移來移去，說明這個人的情緒也處於一種比較緊張的狀態，或者在撒謊，或者內心處於一種不安定的狀態。

把頭撇開是因為想要逃避話題

我們已經知道，人們說謊時，會下意識地避免與對方對視，例如低著頭或者移開視線。如果此時說謊者內心十分緊張不安，他就會做出進一步的防衛動作，例如把頭撇開，就好像在說「別再問了，我不想談這個話題」。

把頭撇開是人們說謊時的一種典型的防衛動作。如果仔細觀察正在談話的兩個人會發現，如果一個人對話題感到輕鬆自在有興趣，會不自覺地把頭靠向對方，彷彿希望進行更深入的交流。反過來，如果一個人身體後側，把頭撇開不看對方，說明正在談論的事情令他感到不安，想要停止談話。

清白誠實的人面對別人的責問時，會積極的展開攻勢，他之所以激動是因為不想被人冤枉。而心虛的人，則會因為不安而做出防衛性的姿勢和動作。

人心是能夠被「閱讀」的

例如，瓊安娜和約翰為一件事情大吵了起來，瓊安娜認定約翰做了什麼，如果約翰把頭撇開，也不做辯解，那麼看來確實有什麼事情發生了。相反，如果約翰十分激動地立刻辯解澄清自己，他很有可能就是無辜的。

把頭撇開已經顯露出內心的緊張不安，如果說謊者面對提問極度不安，就會想要逃避，但他不會拔腿就跑，而是尋求空間的庇護。就好像我們受到威脅時想要躲避逃走一樣，人們在說謊時，心理上處於劣勢，擔心謊言被識破，會不自覺地移開身體，他絕對不會主動靠前，而是退後或者轉身，以此躲避直面指控的威脅。例如，把身體轉向門口的方向、背靠牆壁，而不是坐在屋子中間，因為這樣他看不見背後發生的情況，會更加不安。

另一種方式是直接尋找「盾牌」來保護自己。例如緊緊地抱著一個抱枕、書包，擋在自己的胸前，或者把酒杯放在身前，這些都是在兩人之間製造一種障礙物，好像士兵舉著盾牌來保護自己免受傷害，說謊的人利用這些物體擋在兩人之間，免受言辭的威脅。

人們交談時，身體姿勢和動作的開放程度和他的可信度呈正比。一個人的姿勢動作越舒適自在，就越說明心中坦蕩無欺，因為他知道自己是清白的，所以沒必要緊張不安。而對方如果不敢看你、不敢正面對著你、不敢接近你，那就是說謊的徵兆。

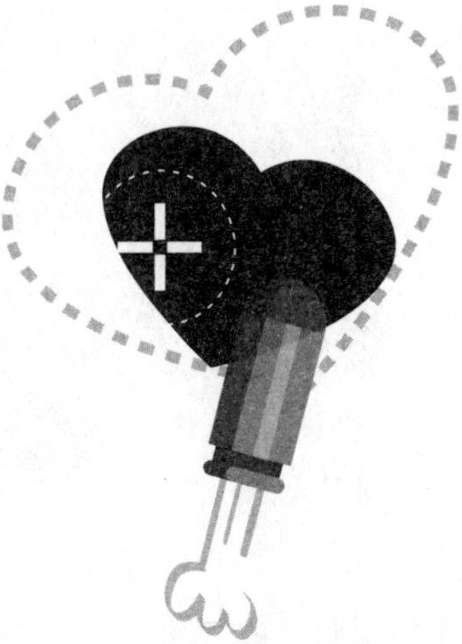

說謊者無法倒著敘述事情

從謊言的形式上我們可以把謊言分為兩種，一種是掩蓋事實，另一種是編造或者篡改事實。掩蓋事實比較容易，而編造和篡改相對來說需要比較高明的說謊技巧，因為它需要說謊者無中生有，而既然是無中生有，就很容易露出破綻。當說謊者不斷重複謊言時，難免會出現自相矛盾的地方，只要我們留心觀察和分析，就很容易識破謊言。

美劇《別對我說謊》中有這樣一個情節，識謊專家吉蓮負責調查一位國會議員，當吉蓮詢問議員「你上週五晚上是怎麼度過的？」議員為了掩蓋自己經常出入俱樂部的事實，於是開始編造所謂的「不在場證明」，他說：「我去國會的健身房游泳，然後回家看資料，吃過晚飯之後，我出席了一場社交活動。」

這位議員的表述十分平靜自然，似乎看不出什麼破綻，然而吉蓮要求他倒著再描述一次，即從他做的最後一件事開始往回說。議員立刻顯示出來不安和驚慌，他開始語無倫次，完全不符合之前所描述的情形。

這是因為，當人們編造謊言時，倒著時間順序來描述會非常困難，因為他先前編造出來的情形並不是真正的記憶，雖然說謊者會實現準備好要怎麼回答，卻幾乎從來不會想過還要倒著順序準備一遍，因此會顯得驚慌失措，立刻就暴露了自己。歷史上也有類似的事例可供參考。

唐朝初年有一位刺史叫李靖，被人誣告意欲謀反，唐高祖指派一名御史調查此事。剛巧這位御史是李靖的故交，他知道李靖做人正派、為官清廉，絕不會做出大逆不道之事，一定是遭人陷害。

這位御史左思右想，想到一條妙計。他向皇帝請旨，請告密者共同前去查辦此案。皇帝欣然應允。途中，御史假裝遺失了告密者的檢舉信件，四處尋找還裝作非常害怕的樣子對告密者說：「這下完了，重要的證據被我弄丟了，不過還好有您在，勞煩您再寫一份就是了。」

那告密者無從推脫，只好硬著頭皮，憑著記憶又編造一份假證據。御史將這份新檢舉信與原件一比較，除了告李靖密謀造反的罪名一樣，所列舉的證據大相徑庭，時間、人物都難以對上號，顯然是惡意編造的誣告信。御史巧妙地引出告密者自相矛盾、前後不一致的證據，揭穿了誣告謊言，使案件水落石出。

與前面倒著敘述的方法相類似，要求說謊者在不同的時間重複自己所編造的謊言同樣可以讓對方大亂陣腳。因為臨時遺忘而編造另外的謊言能使人抓住自相矛盾的地方，即使事先有很充裕的時間來準備，說謊的人很謹慎地編造了臺詞，但假如他不夠機靈的話，他也無法預期對方反問的所有問題，仔細想好所有的答案；而且，就算說謊的人很機警，當時的情況也會引出突發事件，本來說詞是可以騙到別人的，但是一旦發生這種突然的改變，就會出現漏洞。

說謊大王都是「記憶專家」

說謊者在毫無準備的情況下，常常對同樣的問題編造出完全不同的答案，因為他自己也記不清自己上一次被問到時是怎麼說的了。然而，如果說謊者事先知道將要面臨詢問，精心編造好一套說辭，那麼他就立刻變身為「記憶專家」，不僅很久以前的小事都能夠記得，而且每次回答的答案都一字不差，完全吻合。員警在審訊犯罪嫌疑人時經常運用這個特徵，如果員警訊問嫌疑人三個月前的某一天是怎麼度過的，假如嫌疑人能夠說出那天去了哪裡、做了什麼，就非常值得懷疑了。除非這一天是某人的生日或者意義特殊的日子，否則正常情況下人們連一個星期前的某一天做了什麼可能記不清了，何況是幾個月之前。

英國心理學家懷斯曼曾經做過一個關於謊言的實驗，他讓著名談話節目主

人心是能夠被「閱讀」的

持人羅賓爵士說一段真話，再說一段假話，用錄影機錄下來之後讓大家分辨真假。兩段話的內容如下：

對話一：

懷斯曼：「羅賓爵士，你好，請問你最喜歡的電影是哪一部？」

羅賓爵士：「是《亂世佳人》。」

懷斯曼：「您為什麼喜歡這部影片呢？」

羅賓爵士：「這是一部非常經典的影片，演員都很了不起，男主角是克拉克．蓋博，女主角是費雯麗，整部影片非常感人。」

懷斯曼：「那麼您最喜歡其中哪一位呢？」

羅賓爵士：「哦，蓋博。」

懷斯曼：「那麼您最喜歡的這部影片您看過多少遍呢？」

羅賓爵士：「嗯……（停頓）我想大概有六遍吧。」

懷斯曼：「您還記得第一次看這部影片是在什麼時候嗎？」

羅賓爵士：「電影剛剛上映的時候，應該是一九三九年。」

對話二：

懷斯曼：「羅賓爵士，你好，請問你最喜歡的電影是哪一部？」

羅賓爵士：「嗯……（停頓）應該是《熱情似火》。」

懷斯曼：「您為什麼喜歡這部影片呢？」

羅賓爵士：「哈哈，我每次看這部影片都覺得非常有趣，這部電影裡有很多我喜歡的東西。」

懷斯曼：「那麼您最喜歡其中哪個人物呢？」

羅賓爵士：「嗯，我想是托尼．柯帝士，他實在是太帥了。（短暫停頓）而且他非常聰明，他模仿加里．格蘭特簡直出神入化。電影裡，他試圖抵擋瑪麗蓮．夢露的誘惑，可是他採取的方式實在太逗了。」

懷斯曼：「您還記得第一次看這部影片是在什麼時候嗎？」

羅賓爵士：「電影剛剛上映的時候，但具體是哪一年我記不清了。」

人心是能夠被「閱讀」的

據羅賓爵士自己所說，他最喜歡的影片是《熱情似火》，而《亂世佳人》則是他看過的最無聊的影片之一。我們來具體分析一下兩段對話有什麼不同。在第一段對話中，當懷斯曼問他最喜歡哪部影片時，他想都沒想就說出了答案，按照常理，人們在回答自己「最喜愛的」一類問題是至少會稍微做一番評估，除非是預先想好了答案才能如此反應迅速。

其次，羅賓爵士清楚地「記得」自己在多年中總共看了六遍《亂世佳人》，對於自己看過很多遍的影片，一般人只會記得自己看過「三遍以上」或者「不少於五遍」等等大概範圍，六遍未免過於精確，有明顯的造假嫌疑。第三，羅賓爵士清楚地「記得」影片是在哪一年上映的，而且回答相當迅速，一般情況下，即使是自己喜愛的影片，也不會刻意記得它上映的時間，何況是很多年前上映的老電影。這些跡象都顯示，羅賓爵士在第一段對話中撒了謊，破綻就是他那驚人的記憶。總之，說謊大王都是記憶力很好的人。他們的話，說得越清楚越不可靠。

用暗示的方法回應，不做正面回答

文學作品的描寫方式有正面描寫和側面描寫之分，謊言也是如此。說謊的人通常不願意正面回答你的問題，他們既不想承認事實，又不想撒謊，所以往往採取一種折中的辦法來應付你的提問，那就是暗示性的回答。

老師問小玉：「我發現最近妳的作業和小芳很相像，她做對的妳也做對，她做錯的妳也做錯，妳們倆是不是互相抄襲作業了？」

小玉低聲說：「我和小芳平時都不在一起玩，我媽媽每天都看著我寫作業呢。」

像小玉這樣的回答等於根本沒有回答，面對老師的問話，她不能不回答，但又害怕被老師責，所以只能用「媽媽看著我寫作業」來暗示自己是誠實的。

暗示性的回答一方面避免了承認錯誤的麻煩，另一方面又可以減輕自己說謊的內疚感。除了暗示的回答方式之外，說謊者慣用的答話方式還有下面三種：

1、套用你的話回應你，拖延時間

說謊的人在面對突如其來的盤問時，一時間來不及編造好答案，往往套用對方的問話來回應，以此拖延時間來準備好一套說辭，對於說謊的人來說，一秒鐘比一分鐘還長，這個時間足以做好準備。

妻子問丈夫：「你是不是偷看我手機訊息了？」丈夫有些慌張地反問道：「誰偷看妳手機了。」妻子又問：「那你剛才拿我手機幹麼？」丈夫說：「我拿妳手機幹麼，我是以為有電話所以才幫妳看了一下。」

套用你的話作為回應，不需要進行思考而且顯得反應迅速，這就像早上上班時同事之間互道「早安」一樣自然，根本不需要用大腦思考，就按照對方的話進行回應。除了反問和重複對方的話之外，另一種套用方式就是把肯定句換成否定句作為回答，如果對方說：「你撒謊了」，心虛的人會回答：「我沒有撒謊」，而清白的人會回答：「我說的是實話」。

2、利用反問來拖延時間

就像套用你的話來回應一樣，反問也是故意拖延時間編造謊言的手段。反問對方有時比套用對方的話更有效，因為反問過後對方還需要時間回答，這又問說謊者進一步爭取到了編造說辭的時間。常見的反問伎倆例如：「你這是什麼意思？」「你怎麼會問我這種問題？」「你聽誰說的？」「你覺得呢？」

說謊者不但利用反問來爭取思考的時間，還可以突顯自己的氣勢，一副理直氣壯的樣子，有時甚至會以此震懾對方，不敢再多問。

3、主動提供更多的「資訊」

說謊的人知道，如果自己什麼都不說，正是心虛的表現。因此他們可能反其道而行之，不但大大方方地回答你的問題，而且還主動提供更多的相關資訊，一直到對方相信了為止。

媽媽盤問兒子週六一整天都去了哪裡，兒子撒謊說去市圖書館看書了。見媽媽一臉的懷疑，兒子又接著說：「我還在圖書館遇見小明，他說他每個週六都去那兒看書。」媽媽沒說話，轉身接著切菜。兒子趕緊又說：「小明還叫我下週五去他家幫他過生日，他還邀請了好多同學。」

就像這樣，說謊的人急於確認你理解了他的意思，如果你表現出懷疑的神情，他就會繼續提供更多的「資訊」作為證據，可能會牽涉到更多的人物和事件，因為人們往往相信，描述得越具體的事情越有可能是真的。

4、說溜了嘴

很多說謊者都是由於言辭方面的失誤而露餡的，他們沒能仔細地編造好想說的話。即使是十分謹慎的說謊者，也會有失口露餡的時候，佛洛德將之稱為口誤。人們常會在言辭中違逆自己意思，同時在內心中潛藏著矛盾，以致稍一大意就會說出本不想說的或相反的話，進而在口誤之中暴露了內心的不誠實。因此，口誤的必然情形便是說話者要抑制自己不提到某件事或不說出自己所不願說的東西，但又因某種原因而「說溜了嘴」。因此，偶然出現的口誤有時恰恰就是真相所在。

5、漫不經心地描述一件重要的事

當我們不希望某件事情引起別人的注意時，我們會儘量使用平淡的語氣來敘述，最好是輕描淡寫地一筆帶過，這也是說謊者常用的手段，他們對那些可能引起你懷疑的事情進行淡化處理。例如，你和妻子一邊吃飯一邊聊天，她忽然說：「哦，對了，我明天晚上要去參加一個朋友的生日派對。爸的生日也快到了，我們想想要準備什麼禮物吧。」

如果你的妻子平時喜歡去人多的地方湊熱鬧，而朋友的生日派對她卻一點兒也不重視，那麼明天的活動就疑點重重。快速地轉移到父親的生日話題上，表明她企圖轉移你的注意力，可見事情一定有蹊蹺。

說話的聲音也能表達含義

人們說話時，不僅說話的內容在傳達資訊，說話的聲音也能表達含義。我們可以有意識地控制自己說什麼，但很難控制自己的聲音，特別是在說謊時情緒緊張的狀態下，即使能夠毫不費力地控制措辭，也很難掩飾自己聲音的變化。情緒會影響我們說話的音調、音質和音量。例如，人們生氣時，說話聲音會變大、語速加快，音調提高。而當人們情緒低落時，說話比平時更慢、而且聲音低沉、音量小。

人們在說謊時聲音會變高，而且聲調平平、缺乏抑揚頓挫，這是因為說謊者的聲帶像身體其他部位的肌肉一樣，因壓力而緊繃所以音調變高，帶有欺騙性質的陳述不會像發自內心的堅定觀點那樣帶有抑揚頓挫，而是缺乏變化的、平淡無味的聲調。

說謊者的情緒差別也會導致不同的聲調變化。有研究發現，當說謊者覺得自己有罪時，聲音會變得像憤怒的時候一樣，更快、更高、更大聲；當說謊者覺得非常羞愧時，聲音會變得像憂傷的時候一樣，更慢、更低、更平緩。

透過語速也可以判斷一個人是否在說謊。平時少言寡語的人突然做作地高談闊論起來，我們就可以據此推測這個人藏有不可告人的祕密。平時快人快語的人突然變得沉默寡言，我們就可以據此推測這個人很可能想要迴避正在談論的話題，或者對談話對象懷有敵意和不滿之情。

回答問題的速度也是重要的線索，特別是關於價值觀和信仰方面的問題，作答並不需要時間考慮，但是如何回答會影響別人對自己的看法。因此，說謊的人需要較長的時間考慮之後才會說出符合主流價值觀的答案。

同樣，反應的速度過快也很蹊蹺，就好像是事先已經準備好了答案等著你問他了，如果他平時說話都慢吞吞的，卻突然不假思索地給出一個答案，那麼這個說法絕對不可信。

除了聲音的變化和語速之外，人們在說謊時還會有其他一些典型的語言特點。例如在談話中停頓的時間過長或過於頻繁，會延長用來停頓的語氣詞，如「嗯……」「哦……」，說謊者利用停頓的時間來想好下一步應該怎麼說，或者直接因為緊張而變得結結巴巴。

根據有關研究，人們說謊時流露出的各種信號的發生率，如下所示：

1、過多地說些拖延時間的詞彙，比如「啊」，「那」等詞占到四十％。

2、轉換話題率為二十五％，比如，「因為臨時有事情，那天去不了。」

3、語言反覆率為二十％，例如，「這個星期天嗎？星期天要加班？」

4、口吃現象為九％，例如，「什，什麼？」

5、省略講話內容，欲言又止占五％。

6、說些摸不著頭腦的話。

7、說話內容自相矛盾。

8、偷換概念。

以上信號中，如果在對方講話時有好幾處得以驗證的話，那就表明他是在說謊或者是有難言之隱。當然，這只是研究得出機率統計，僅供大家參考。整體來說，聲音變化是判斷一個人說謊與否的重要線索，當我們聽別人說什麼的時候，也要留心他是如何說的，這樣才能有效地識別謊言。

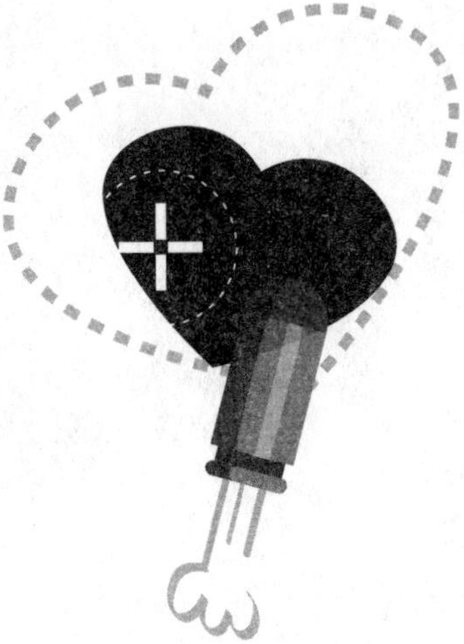

提到都是同一個數，或是它的倍數

前面提到過，說謊大王通常都是「記憶專家」，他們能夠清楚地「記得」很久以前的某一天自己去了哪裡、做了什麼，事先編造好的說辭可以一遍又一遍地重複一字不差。但是，一旦事情涉及數字，就沒那麼簡單了。編造出來的數字會呈現出一定的規律，說謊者為了讓自己的說辭顯得流利順暢，通常會落入數字的陷阱中，為了不出錯，他們總是使用相同的數字或者同一個數的倍數。

在一次面試中，面試官詢問應徵者過去的工作經驗。

面試官：「你做過幾年的銷售工作？」

應徵者：「我做過六年銷售工作，分別在三家不同的家電公司。」

面試官：「談談你在上一家公司工作的情況。」

應徵者：「我負責一個六人的銷售團隊，曾經連續三個月獲得『最佳銷售團隊』的稱號。」

應徵者在回答問題時反覆提到三和六這兩個數字，如果面試官足夠聰明，應該知道這意味著什麼。當數位資訊重複出現時，往往並不是「純屬巧合」。

可見，虛構的情節總會顯現出一些特徵，除了重複出現的數字之外，事事完美的情節也是虛構事件的典型特徵。誠實的回答通常同時包括正面和負面的情節，例如對方告訴你今天雖然路上塞車，但是他見到了多年的老同學，倆人聊得很開心。而虛構的情節總是事事完美。人們在撒謊時總是會忽略掉那些負面的東西，好讓別人聽起來更容易相信，而這恰恰就是謊言的破綻之一，把手機忘在計程車上、飛機晚點等等資訊是不會出現在虛構的情節中。例外的是，如果你要求對方解釋約會遲到的原因，他會告訴你路上塞車、出門忘了帶東西又折回去拿等等理由，在對這類問題撒謊時，大多數人則會編造一些令人頭疼的、負面的情節，這就要另當別論。

人心是能夠被「閱讀」的

虛構情節的第三個特徵是不涉及他人的觀點，即第三人的想法和態度。儘管人們說謊時會非常謹慎地編造故事情節，但是他們通常只能夠顧及到自己的思維層面，要把其他人的觀點加進來不是件容易的事，謊言被識破的風險會立刻增加一倍。因此，雖然人們的謊言中常常涉及他人，但是幾乎不會把他人的觀點納入其中。

例如，你問女友週日的行蹤，她說和朋友出去逛街了，具體又可能有兩種不同的描述：

（1）「我和娟姐去西門町逛街了，她買了兩條裙子，我本來看上一雙高跟涼鞋，可惜沒有我的尺碼。」

（2）「我和娟姐去西門町逛街了，她買了兩條裙子，她說我的眼光真好，幫她挑的裙子都特別適合她。我本來也看上一雙鞋子，可惜沒有我的尺碼。」

乍看之下，這兩個回答是一樣的，唯一的差別在於第二個回答包含了第三人的觀點，即娟姐對「我」挑衣服眼光的評價，這樣的回答更可信。而如果女朋友的回答是第一種，那麼你或許應該在多問幾個問題來試探真假。雖然不涉及他人觀點的回答未必一定是假的，但包含了他人觀點的回答，通常是值得相信的。

所以，當提到的數字都是相似的，或者是這個數字的倍數，或者不涉及第三者的評價時，有可能是在說謊。

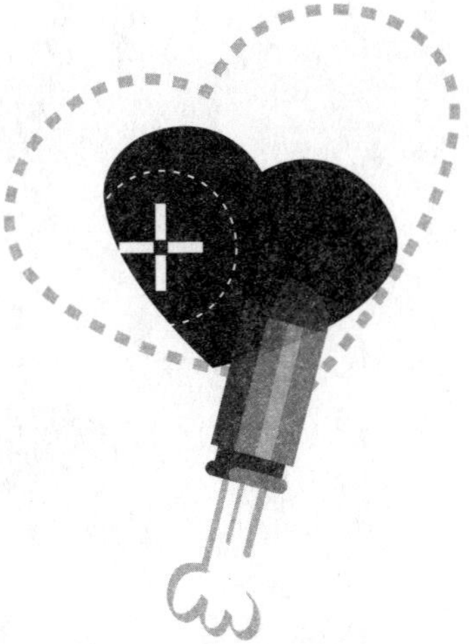

謊言往往這樣開始

經驗豐富的撒謊者經過長期的摸索和總結，形成了比較完整的說謊套路，他們知道怎樣說謊更容易取得他人的信任。識破說謊者慣用的伎倆可以幫助我們迅速地辨別謊言，一般來說，說謊者往往會運用下面這幾種方式：

1、半真半假，真話假話混著說

自然界的許多動物都有保護色，不容易被自己的天敵發現。謊言也往往有「保護色」，那就是謊話裡面穿插的真話。高明的說謊者慣用的伎倆之一就是用真話來掩飾謊話，說話時半真半假，真真假假的成分摻雜其中，讓人難以分辨，進而達到迷惑人心的目的。

例如，有些醫德敗壞的醫生明明知道病人得的是無藥可治的絕症，在講了一些病人的真實病況後，卻引出一個聞所未聞的進口藥，聲稱此「藥」可治此病。這種真真假假、假假真真的話語，讓人辨認起來更難分清哪句是真，哪句是假。

2、主動亮出自己的「私心」

精於撒謊知道的人通常也是洞悉人性的高手，懂得利用對方的心理。例如說謊者常常會主動亮出自己的「私心」，但他亮出的只是一個假的「私心」或小的「私心」，是為了掩飾自己內心真實的想法，而真的「私心」或大的「私心」，他是不會說的。

例如，導遊在帶領遊客到商場購物時，會事先主動告訴遊客，自己可以從中拿到回扣，但是只有五％而已。比起那些拒絕承認回扣一事的導遊來說，遊客們覺得這位導遊很實在，因此不會有抵觸的情緒，反而會多買一些商品。但其實這位導遊拿到的真正的回扣可能超過了二十％。這種謊言利用的是人們「以誠相待」的心理，即用小「誠」來換你的「大誠」。

3、貶低自己

人們往往以為那些自吹自擂、誇誇其談的人更容易撒謊，其實高明的撒謊者反而會做出謙虛謹慎的樣子，故意貶低自己，進而降低對方的防範意識，容易獲得對方的信任，待取得對方的信任後再開始「大動作」。

整體來說，如果人們開始出現以上幾種行為時，他們有可能要說謊了。

Chapter 2

看清小人心，排除身邊的「危險」

經常恭維你的人，多半是你的敵人

朋友之間相互欣賞，可能會時不時地說出幾句讚美的話，但是那些經常用好聽的話恭維你的人，往往背後是一顆不懷善意的心，對此你一定要小心，否則會在不經意之間被其所傷。須知，明辨別人的恭維，才能躲過明槍暗箭的攻擊。

饑餓的獅子看到肥壯的公牛在地裡吃草。「要是公牛沒有角就好了，」獅子饞涎欲滴地想，「那我就能很快地把牠制伏。可牠長了角，能刺穿我的胸膛。」後來，獅子想了個主意，他鬼鬼祟祟地側著身子走到公牛身旁，十分友好地說：「我真羨慕你啊，公牛先生。你的頭多麼漂亮，肩多麼寬闊、多麼結實呀！你的腿和蹄多麼有力量！不過，美中不足就是有兩隻角，我不明白你怎麼受得了這兩隻角，這兩隻角一定讓你十分頭痛，而且也讓你的外貌受到損害，不是嗎？」

公牛說：「你真的這樣認為嗎？我從來沒有想過這一點。不過，經你這麼一提，這兩隻角確實顯得礙事，還有損我的外貌。」

獅子溜走了後躲在樹後面看著。公牛等到獅子走遠了，就把自己的腦袋往石頭上猛撞。一隻角先撞碎，接著另一隻角也碎了，公牛的頭隨之變得平整光禿。

「哈哈。」獅子大吼一聲，跳出來大聲說道：「現在我可以擺平你了。多謝你把兩隻角都敲掉了，我先前沒有攻擊你，就是這兩隻角妨礙了我啊！」

每個人都愛聽恭維話，這是人的天性，也是人的弱點。聽到別人的讚美與恭維，許多人都會沾沾自喜，甚至會飄飄然，只顧得自我陶醉，並沒有弄清對方讚美的真正含義。發自內心的真誠讚美是對方對你敬佩之情的自然流露，對此要表示真心的感謝；無關痛癢的客套話可一笑了之；裹著糖衣的不懷好意恭維，背後可能隱藏著不可告人的目的，對此一定要辨識清楚，以免被笑容背後的毒刺所傷。

憨厚的公牛沒有抵禦住獅子糖衣炮彈的攻擊，把獅子別有用心的讚美當成是對牠的欣賞，迫不及待地把角撞碎，以迎合獅子所說的美，最終卻命喪獅口。對於心裡不設防的人來說，美麗的語言可能比淩厲的攻擊更有威力。公牛在誇讚聲中興奮得丟掉了自我，落入了獅子設的陷阱中。

人貴有自知之明，對於別人的讚美，我們要有清楚的分辨能力，不要為虛偽的客套話所迷惑，這是一種欺騙。當別人讚美自己的時候，切不可只開放自己的耳朵卻關上了理智的大腦，別人的恭維只是綻放的焰火，焰火漸漸熄滅的時候，我們的心要歸於平靜。鑄造抵制花言巧語的盾牌，才能不被壞人所利用。

遠離「有毒」的人才能不受傷

如果你發現朋友中有人經常幹一些損人的事，最好儘快敬而遠之，要知道，他們今天可以去損害別人，必然可能在將來的某一天去損害你。

有一隻蠍子來到河邊，牠想渡到河對岸去找牠的好朋友毒蛇。可是，牠不會游泳。這時，一隻青蛙游了過來，蠍子懇求青蛙將牠渡到對岸去。

青蛙不肯，對蠍子說：「假若你半途中螫我一口，我不是沒命了。」蠍子說：「我要是螫你，自己不是沒命了。」

青蛙聽了有理，便讓蠍子爬到牠的背上。游到河中央，青蛙突然覺得背上被狠狠地螫了一口，青蛙劇痛難忍，慢慢往河中沉落，牠痛苦地問：「你為什麼要這樣做？」

人心是能夠被「閱讀」的

蠍子說：「對不起，我實在忍不住了。」

季羨林先生在一篇名為「壞人」的文章中有一段很著名的話：「根據我的觀察，壞人，同一切有毒的動植物一樣，是並不知道自己是壞人的，是毒物的。」我們這則寓言恰巧就是季老這句話的注解。蠍子作惡實際上是身不由己的，他們在作惡的時候並沒有意識到自己是在作惡。這種理念運用到我們日常交往當中就是：離那些「有毒」的人遠一點。因為這些人雖然可能一段時間內可能對你很好，甚至很講義氣地幫助你，但是這並不意味著他們不會傷害你，他們的本質是「惡」的，一旦有機會，他們就會像蠍子一樣，螫你一口。比如小偷，即使自己決定要痛改前非，手還是身不由己的伸進別人的口袋。與這樣的人做朋友，無異於羊入虎口。

那麼，究竟什麼樣的人才算是「有毒」呢？季老在文章中還說道：「記得魯迅曾說過，幹損人利己的事還可以理解，損人又不利己的事千萬幹不得。我現在利用魯迅的話來給壞人作一個界定：幹損人利己的事是壞人，而幹損人又不利己的事，則是壞人之尤者。」可見，損不損人是評判一個人「有毒」與否的標準，因此我們在生活中就要注意觀察了，看你身邊的朋友是否有損人利己，乃至損人不利己的行為，一旦發現則要敬而遠之。

也許你會說，他又沒有損害我的利益，可是，既然他現在能夠損害別人，你又怎麼能斷定將來的某一天他不會將「毒刺」扎在你身上呢？

不輕易亮出自己的底牌

一件極其珍貴的寶物，如果你拿出來向別人炫耀，很可能從此永無寧日，甚至有失去的危險。做人亦是如此，輕易炫耀，暴露你的全部，很容易讓自己失掉了根基，甚至遭受致命的打擊。因此，無論在什麼時候，永遠不要將自己的底細和盤托出。

傳說，上帝創造世間萬物之初，貓的本領比老虎大，於是老虎就偷偷拜貓為師。經過一番勤學苦練之後，老虎的本領變得十分了得，成了森林之王。

按理說，功成名就的老虎該心滿意足了，可是老虎總覺得拜貓為師的事不光彩，怕傳出去後受百獸譏笑，於是就起了殺師滅口之心。

有一天，老虎終於向貓下了毒手，窮追猛咬，試圖將貓置於死地，情急之下貓一下子跳到了樹上，任憑老虎在樹下張牙舞爪咆哮也無可奈何。嚇出一身冷汗的貓十分後怕地說：「幸虧我留了一手，不然今天就死於逆徒之口了！」

這是一個老掉牙的故事，值得我們注意的是故事蘊涵的哲理，隨時提醒我們留一手是很有必要的，而且，也是很有好處的。

為什麼故事中的貓能逃脫虎口，原因是牠沒有亮出自己最後的一張底牌，留了上樹這一手！為人處世也是這樣，應該儘量設法保持自己的神祕，輕易亮出自己底牌的人讓別人按牌來攻，肯定會輸掉。即使對方是貌似忠厚的老實人，也不可全拋一片心。

碰上貌似老實的人，人們往往一見如故，把「老底」全都抖給對方，也許會因此成為知心朋友。但在現實中，更多可能的情況是：你把心交給他，他卻因此而看扁你，更有甚者會因此打起壞主意，暗算於你。到時候，吃虧受傷害的就是你自己。

李廠長出差的時候在火車上遇見一位商人，二人一見如故，互換了名片。

人心是能夠被「閱讀」的

這位商人舉手投足之間都顯示出一種貴氣，這使李廠長對其身分毫不懷疑。恰巧二人的目的地相同，商人又對李廠長的產品非常感興趣，似有合作意向，李廠長便與之同住一個飯店，吃飯、出行幾乎都在一起。

這一天，李廠長與一位客戶談成了一筆生意，取出大筆現金放在包裡。午飯後與商人在自己屋裡聊天，不久李廠長起身去洗手間，回來時出了一身冷汗，因為商人和那個裝滿錢的皮包都不見了！李廠長趕緊報警，幾天後案子破了，罪犯被逮捕後才知道，原來他並不是什麼商人，而是一個職業騙子。這讓李廠長對自己的輕易相信他人、交出自己底細的做法痛悔不已。

社會上，像李廠長這樣上當受騙並非偶然。事事對人言，把自己的底牌掀起來給別人看，人家對你的底細瞭解得一清二楚，知己知彼，打敗你豈不是輕而易舉嗎？所以，任何時候我們都要留一手，不要和盤托出全部真情，並非所有真相皆可講，要有自我保護和防守的意識。最實用的知識在於掩飾之中，輕易亮出自己底牌的人往往會成為輸家。

安逸背後，隱藏著危險的因素

「螳螂捕蟬黃雀在後」的寓言幾乎是無人不知無人不曉了，但這個寓言帶給我們的真正啟迪，又有多少銘記於心呢？人常常在取得某個階段的勝利之後便會得意忘形，不思進取，殊不知這種安逸意識的背後，隱藏著類似黃雀那樣危險的因素。

春秋時吳越之戰，越國戰敗，越王勾踐被俘淪為階下囚。但吳王夫差是個胸無玄機、智力平庸的人。他拒絕聽從謀臣伍子胥的忠告，而被諂媚、賄賂所惑，把自己的宿敵越王勾踐釋放回國。

越王回國後，馬上把越國最漂亮的女子西施進獻給夫差。夫差得到西施後，整天沉溺於酒色當中，日甚一日。每逢西施胃病發作、手撫胸前的時候，那種病態美讓夫差銷魂落魄，一切軍國大事都拋在九霄雲外。對外，夫差貪圖武功，北伐齊國，忠言勸諫的伍子胥被他責令自殺。夫差的種種行為使太子友深感憂慮。為了讓父王回心轉意，他決心設計使夫差覺悟。

一天，太子友手拿彈弓，渾身透濕，一副狼狽不堪的樣子，跑來見夫差。吳王見狀驚詫非常，急忙詢問原因。太子友說：「清晨我到後花園，聽秋蟬在樹枝上得意地鳴叫，正當蟬鳴高興的時候，一隻螳螂卻聚精會神地拉開架式，準備捕捉秋蟬。而此時，螳螂壓根也沒想到，一隻機靈的黃雀正在林中徘徊，牠平心靜氣，輕巧極了，兩隻閃亮的眼睛一刻也沒有離開螳螂。黃雀專心致志地想吃到螳螂，正好我在一旁，馬上拉開彈弓，集中精力瞄準。因為只顧黃雀，沒提防腳下，結果一下子跌到大水坑裡，弄成現在這副樣子。」

夫差聽完太子友的敘述，似有所悟，他說：「看來這是因為你貪圖近利，不考慮後患，瞻前而不顧後是天下最愚蠢的行為。」太子友連忙接住吳王的話說：「天下最愚蠢的事，恐怕沒有比這更厲害的吧？當初齊國無緣無故地去攻打魯國，集中軍隊傾巢而出，自以為可以佔有魯國，沒想到我們吳國正動員所有兵力，長途遠征齊國，齊軍慘敗。眼看吳國可以吞併齊國了，豈料越國正在整頓軍隊，挑選那些願戰死沙場的勇士，由三江殺入五湖，揮師北上，一心要搗毀我們吳國，報當年越王受辱之仇。」聽到此處，吳王全明白了，太子友所講「螳螂捕蟬，黃雀在後」的故事，是規諫他打消北上伐齊的念頭。

吳王哪裡再能聽進半句，大怒道：「這全都是伍子胥的那一套，妄想阻撓我的計畫，伍子胥已經自殺，你再多嘴，我就廢掉你！」太子友悻悻然地退了出去。

果然，幾年之後，吳王夫差為了揚盟主之威，率領大軍北上遠征。可是，由於大隊人馬連續二十天的急行軍已經疲憊不堪，成強弩之末之勢，根本不能再戰了。而此時，那位忍耐力極強的越王勾踐，不再忍耐，抓住這一最佳時機，向吳國發動突襲。夫差本土危急，趕忙回軍救援，結果被以逸待勞的越軍包圍，吳軍不堪一擊，一戰即敗。最終，吳國都城淪陷，吳王無路可逃，只好自殺。

也許，吳王死前才後悔，不該不聽伍子胥的規諫而要他自殺；也才真正理解了太子友所講的故事。所以臨死之際，他用布把自己的臉蒙了起來，表示他在九泉之下無臉再見伍子胥了。可惜，悔之晚矣！

很顯然，越國滅掉吳國，正是螳螂捕蟬，不知黃雀在後，其結果是黃雀吃了螳螂。現實世界裡，為了生存和發展，許多人互相敵對、聯合、滲透，形成一種複雜的關係網。處在這個關係上的個體和組織互相牽制。如「蟬」之背後有「螳螂」，「螳螂」之後又有「黃雀」的格局。特別是在追求利益的時候，一定要辨明各種利害關係，識別其中潛伏的危機，注意首尾兼顧。不要做秋蟬，也不要做螳螂，哪怕你是黃雀，還要看看身邊有沒有躲藏著的彈弓手呢！

我們不能像吳王起初那樣，總是盯住眼前的敵人。我們可以學會「眼觀六路、耳聽八方」，因為，最危險的敵人往往站在你的身後。就拿不見硝煙卻充滿競爭的商場來說，你不要總是與眼前的商業對手較勁，務要置之死地而後快，要能夠發現潛在的威脅，否則就有可能在於對方爭得不可開交的時候，被作壁上觀的第三者白撿個便宜。

進行任何競爭都要懂得分析實際爭戰的複雜性，「眼觀六路、耳聽八方」。當你為眼前對手絞盡腦汁的時候，更要好好留心一下自己的背後，千萬不要一觸即發，應學會以靜制動，只有這樣才能立於不敗之地。

特別能忍讓的人很危險

精於世事的人，幾乎都能發現這樣的現象：能夠忍耐常人所不能忍之事的人，將來一定會圖機報復，不可不小心。正所謂「咬人的狗不露齒」，越是能忍的人，我們越要嚴加防範。

一八〇五年奧斯特利茨戰役和一八〇七年弗裡德蘭戰役中，俄軍被法軍打得大敗，實力大大減弱，剛登基的亞歷山大一世為重整旗鼓，與拿破崙展開了新的較量，與以往不同的是，這次他使用了新的「壯舉」，卑躬屈膝地討好對方，處處表現出退讓的姿態，以屈求伸。

一八〇八年，拿破崙決定邀請亞歷山大在埃爾特宮舉行會晤。這次會晤，是拿破崙為了避免兩線同時作戰，用法俄兩國的偉大友誼來威懾奧地利。

亞歷山大認為目前俄國的力量不足對抗拿破崙，還必須佯裝同意拿破崙的建議，並向他「獻媚取寵」，爭取準備的時間，妥善做好準備，時機一到，就從容不迫地促成拿破崙垮臺。

有一次看戲，當女演員念出伏爾泰《奧狄浦斯》劇中的一句臺詞「和大人物結交，真是上帝恩賜的幸福」時，亞歷山大一臉真誠地說：「我在此每天都深深感到這一點。」這使拿破崙非常滿意。

又一次，亞歷山大有意去解腰間的佩劍，發現自己忘了佩戴，而拿破崙把自己剛剛解下的寶劍賜贈給亞歷山大，亞歷山大裝作很感動的樣子，熱淚盈眶地說：「我把它視做您的友好表示予以接受，陛下可以相信，我將永不舉劍反對您。」拿破崙對他也徹底消除了戒備。

一八一二年，俄法之間的利益衝突已經十分激烈，這時亞歷山大認為俄國已做好準備，於是藉故挑起戰爭，並且打敗了拿破崙。

亞歷山大總結經驗教訓時說：「拿破崙認為我不過是個傻瓜，可是誰笑到最後，誰就笑得最好。」亞歷山大偽裝自己，使拿破崙放鬆了警惕，又暗中壯大自己的勢力，最終打敗了對方。拿破崙被亞歷山大「忍讓」迷惑了，終於失掉了自己的帝國。

在很多時刻，忍讓並非是出自真心，而是在暗中積蓄力量，如果你沒有看到它背後的企圖，到時，吃虧的一定是你。「忍耐」可以讓權力轉換在瞬間完成，那些看似波瀾不驚的退讓會使你在幾個回合之後，失掉自己的優勢。

在中世紀的歐洲，國王的權力來自教皇，君權神授，神權高於君權。一〇七六年兵荒馬亂時，德意志帝國皇帝亨利與羅馬教皇格里高利爭權奪利，鬥爭日益激烈，最後發展到了勢不兩立的地步。

亨利首先發難，召集德國境內各教區的主教們開了一個宗教會議，宣佈廢除格里高利的教皇職位。格里高利則針鋒相對，在羅馬拉特蘭諾宮召開全基督教會的會議，宣佈驅逐亨利出教，不僅要德國人反對亨利，也要在其他國家掀起反亨利浪潮。一時間德國內外反亨利力量聲勢震天，特別是德國境內大大小小的封建主都興兵造反，向亨利的王位發起挑戰。

亨利面對危局，被迫妥協，一〇七七年一月，他身穿破衣，騎著毛驢，冒著嚴寒，翻山越嶺，千里迢迢前往羅馬，向教皇懺悔請罪。

格里高利不予理睬，在亨利到達之前躲到了遠離羅馬的卡諾莎行宮。亨利沒有辦法，只好又前往卡諾莎拜見教皇。教皇緊閉城堡大門，不讓亨利進來。為了保住自己的皇帝寶座，亨利忍辱跪在城堡門前求饒。當時大雪紛飛，地凍天寒，身為帝王之尊的亨利屈膝脫帽，整整在雪地上跪了三天三夜，教皇才開門相迎，寬恕了他。

亨利恢復了教徒身分，保住了帝位。當他返回德國後，集中精力整治內部，將曾一度危及他王位的內部反抗勢力逐一消滅。在陣腳穩固之後，他立即發兵進攻羅馬，以求報跪求之仇。在亨利的強兵面前，格里高利棄城逃跑，客死他鄉。

這裡，我們看得出亨利「含辱負屈的卡諾莎之行」是別有用心的。在他與教皇對峙、國內外反對聲一片，特別是內部群雄並起、王位岌岌可危的情況下，他利用苦肉計取得和解，贏得喘息時間，然後重整旗鼓，再和教皇較量。教皇沒有看到他的險惡用心，最後客死他鄉。

一時的「胯下之辱」或者表面的「負荊請罪」都會讓我們以為對方有真心誠意，但實際上，會咬人的狗都是不叫的，大多能忍奇辱之人，日後必有過人之處。這是我們最應該防範的。能夠忍受奇恥大辱的人，內心或極兇惡或極寬闊，不可等閒視之。

牆頭草，要根據類別選「除草劑」

牆頭草是用來形容這樣一類人，見利思遷，唯利是圖，見風使舵，哪裡有好處就往哪裡靠，他們行事的指標和方向是利。在利的驅使下，隨時隨地變換臉色，是十足的變色龍。

俄國作家契訶夫在《變色龍》中以精湛的藝術手法，塑造了一個專橫跋扈、欺下媚上、看風使舵的沙皇專制制度走狗的典型形象——奧楚莫洛夫。

奧楚莫洛夫在短短的幾分鐘內，經歷了五次變化。善變是奧楚莫洛夫的性格特徵。作為巡官，他對一隻咬了金銀匠手指的小狗是這樣處置的。如果狗主是普通百姓，那麼他嚴懲小狗，株連狗主，中飽私囊；如果狗主是將軍或將軍哥哥，那麼他奉承拍馬，邀賞請功，威嚇百姓。他的諂媚權貴、欺壓百姓的反動本性是永遠不變的。因此，當他不斷地自我否定時，都那麼自然而迅速。

「變色龍」——奧楚莫洛夫已經成為一個代名詞。人們經常用「變色龍」這個代名詞，來代表以利為導向立場多變的人。對他們說來，毫無信義原則可言。萬物皆備於我，一切為我所用。只要是能嘗到甜頭，他們立馬調轉船舵，一切顯得那麼自然嫻熟。

牆頭草善拍馬屁，不管能力大小，逢迎媚上都學得心應手。對此，我們首先應當保持清醒的頭腦。哪些是實事求是的評價之辭，哪些又是阿諛奉承之辭；在阿諛奉承之中，哪些人是出於真心而稍稍過分地讚美幾句，哪些人又是企圖透過奉承上司而達到自己的某種企圖，哪些奉承之辭中含有可吸取的內容，哪些奉承話都是憑空捏造、子虛烏有等等，都要分辨清楚。

一旦發現身邊的某些人是牆頭草，我們絕不能掉以輕心，而是要根據其特點，有針對性地採取對策。

1. 對於有一定能力而又有些奉承愛好，但職位比自己低的牆頭草，最好給他找個合適的位子。這類人不好簡單辭掉，因為他還有一定能力。也不可委以重任，因為他忠誠度有待考驗，一旦此人心猿意馬，遲早會壞了你的大事。

2.只會拍馬而不學無術的牆頭草，對付的方法就是讓他走人，離自己越遠越好。這種人在周圍，除了拍馬屁什麼都不會，就如同一顆不知何時爆炸的炸彈，及時讓他走人比什麼都強。

3.對一些較有能力但也有阿諛奉承劣行的「牆頭草」要認真對待，如果只看到這類人的阿諛奉承，沒有看到他們的才華，他們往往會離你而去。如果他們確實走了，對你也是一種損失。所以，最好能讓他們在身邊做一些既感興趣，又可以盡顯才能的事情。

4.能力一般而又有某些奉承毛病的人要注意批評教育，並採用不同的方式方法。要耐心，不能急於求成，這種毛病的養成不是一朝一夕的事，改正起來也一定不容易。在這個時候，你要格外注重策略，注意態度，爭取從根本上扭轉他們的認識，改正他的毛病，杜絕拍馬屁現象，從壓制逢迎之風開始。

5.對於那些確有較強能力卻也喜好溜鬚拍馬的「牆頭草」，你一定要小心對待，這些人弄不好會造成極大的麻煩。對待這種人，你要依據他的實際能力考慮相處的對策，有區別地肯定其優缺點。起碼在他們的眼中，你不能成為不識才的人。

此外，朋友中有些牆頭草利欲攻心，今天有利是朋友，明天可能就裝作不認識。你對他再好，他不會記恩，因此慎交牆頭草類的朋友，不讓他們輕易接近你。如果已經發展成較好的朋友了你才發現他的本面目，最好及早抽身遠離他們，牆頭草不會無緣無故對你好，越是突然殷勤越應值得提防：鎖住祕密的保險櫃，不隨便透露自己的想法，和他們保持距離。

擦亮眼睛：「哥兒們義氣」多小人

俗話說「物以類聚，人以群分」，講究哥兒們義氣的人，必定會約上一群「狐朋狗友」，吃喝玩樂無所不為，雖然過得確實瀟灑，但卻為小人的誕生提供了絕好的溫床，因為小人需要這種火熱的環境來增加彼此的感情，等你放鬆對他們的警惕時，他們便在你的背後插刀，這便是小人的一貫作風。

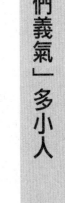

諸葛亮在他的千古名著《出師表》中這樣寫道：「親賢臣，遠小人，」此先漢所以興隆也；親小人，遠賢臣，此後漢所以傾頽也」，可見賢臣和小人對一個國家的前途所起的作用是截然相反的。

但歷史卻偏偏在重複著一個無可迴避的循環，小人就好比那甜口毒藥、奪命白粉一樣，讓人明知是萬丈深淵卻又禁不住魔鬼的誘惑而忍不住往下跳，這

人心是能夠被「閱讀」的

是人性的一種悲哀。也為有「心機」的人前行，碰到的十有八九便是小人。讓我們來看看下面一個故事：

和士開是北齊人，其父和安，出仕於東魏，「恭敏善事人」，為人非常狡猾，很有一套恭維巴結皇帝的手腕。也許是有其父必有其子，和士開的奉承拍馬功夫真是青出於藍勝於藍，遠遠超過了他老爹的成就。北齊天保初年，高湛得寵，被晉爵為長廣王，和士開見高湛未來當皇帝的可能性很大，便想方設法接近巴結高湛，為自己將來的進宮加爵之路鋪平道路。

高湛性好「握槊」，這種遊戲便是中國象棋的起源。恰好和士開也精於此道，於是他便找機會與高湛遊戲。二人棋逢對手，總是鬥得難分難解，越玩越上癮，次數越加頻繁。

高湛還喜歡音樂，恰好和士開又能彈胡琵琶，他經常為高湛彈曲，興致高時，還往往邊彈邊唱，那清歌妙曲，讓高湛無比著迷。

高湛喜談笑，而和士開生就一副伶牙俐齒，於是便經常陪高湛胡扯閒說，和士開的甜言蜜語和淫詞穢談，更使高湛開心，二人越談越投機，大有相見恨晚的感覺。

北齊皇建二年（五六一年），孝昭帝駕崩，高湛繼承大位，是為武成帝。和士開長期企盼的日子終於來到了。本來，高湛在繼位之前與和士開的關係已經火熱，即位之後，和士開對他更是「奸諂百端」，因此武成帝高湛視之如心腹，倚之如股肱，和士開得寵的程度，可說是世間少有。

和士開受到武成帝高湛如此寵愛，照理該滿足了，可是他仍繼續施展各種手段，進一步鞏固和加深皇帝之寵。武成帝患有「氣疾」，即「疝氣」，這種病最怕飲酒，但他嗜酒如命，越飲病越重。武成帝雖然一向對和士開言聽計從，但唯獨在飲酒問題上則每諫不從。一次，武成帝氣疾發，又要飲酒，和士開淚下不能言。帝曰：「卿此是不言之諫」，固不復飲。和士開僅用哭泣抽噎的微小代價便換取了武成帝的莫大好感，這與他慣常使用的甜言蜜語具有異曲同工之效。

人心是能夠被「閱讀」的

如果你以為和士開的這一表現是出於對武成帝的一片關懷之心，那就大錯特錯了。實際上，勸武成帝戒酒並不是他的目的，透過此舉邀寵以求富貴權勢，這才是他的真正用意。世界上最難測度的是無恥小人之心，代表著人類真誠感情的眼淚也照樣可以被他們所褻瀆，用來為其不可告人的目的服務。如果和士開以淚勸諫出於真誠，那他就絕不會把奸害的魔掌伸向皇宮後院，將武成帝的皇后占為己有了。

武成帝的皇后胡氏，本是一個水性楊花、放縱淫蕩之人，加上武成帝素來荒淫，三宮六院，居無定所，較少與之相陪，因此胡皇后更感到寂寞難挨。和士開深明「狡兔三窟」之理，單是武成皇帝的傾心信賴，還不能令他滿足。胡皇后喜歡干預政事，和士開早就想拉她作為內援，他正覬覦著機會。當他瞭解到胡皇后的寂寞後，便決定乘虛而入。

和士開有意挑逗，因此兩人進展十分順利，很快就勾搭成奸。可歎武成帝對和士開如此恩深義重，而和士開卻毫不客氣地給他戴上了一頂「綠帽子」。

可見禮義廉恥對和士開之流，是毫無約束力的。為達個人目的，他們可以不擇手段，這是常人無法理解的。

武成帝的恩寵對和士開達到了無以復加的地步，但和士開對武成帝的回報卻是一頂漂亮的「綠帽子」，小人的貪欲如此顯現，便從此一發不可收拾了。

俗話說小人難防，但小人卻有自己的「特徵」，對你投其所好，嘴甜如蜜者，這種人十有八九是小人，所以做人得用點心思，擦亮你的眼睛，識破那些打著「哥兒們義氣」旗號的小人，別等到真上當時就後悔莫及了。

小人，最擅長裝出可憐相

有些人極善於偽裝，本來是個邪惡小人，卻總擺出一副君子的形象。本來他在害人，卻總是可憐巴巴的，好像大家在害他。小人不僅有小人的邏輯，而且也熟悉君子的規矩，因此善於把兩者故意攪混。當你與其講大道理的時候，他們露出鄙棄一切大道理的神情，和你耍起了無賴。當你想衝著他以無賴邏輯對無賴邏輯時，他們又道貌岸然地遞過來一堆大道理，搞到最後無聊的好像是你，所有人都覺得他們是如此可憐、委屈。可見，戴著「君子」假面的小人，最擅長裝出一副可憐相。

大多數小人多是以「君子」面目出現的，沒有公德心和正義感的人，只能淪為罪惡的幫兇。在權勢和權威面前低頭的人，不是真正可信賴的人。偽裝成君子的小人往往善於迎合你，甚至適時適地「為你謀慮」，體貼你的心，而你則要細心分辨，才能戳穿他的偽裝。

北魏宣武帝時，元禧位居群臣之首，不僅接受賄賂，耍弄權威，還對朝廷大事任意處置，不講究原則。但在表面上，元禧對即位的宣武帝十分聽命，無論宣武帝說什麼，他都極力贊成，從沒有反駁的時候。宣武帝對元禧十分滿意，他多次對群臣說：「為臣之道，元禧可為眾臣的楷模，他不居功自傲，向無驕縱之情，絕無違逆之舉，古時忠臣也比不上他啊。」

有正直的大臣暗中對宣武帝揭發說：「論定忠奸，尚需深查實較。元禧順從陛下，這只是他的假象，他對陛下事事不諫不爭，可見他為人奸猾，不負責任，這絕不是一個輔命大臣所應該做的。」

宣武帝透過觀察，終於發現元禧的小人嘴臉。一次，宣武帝告誡元禧說：「你處處依朕，朕若有了過失而你也不在旁提醒，陷朕於何地呢？為臣者當不計個人利害，究朕之失，你從無諫言，當真朕沒有過錯嗎？」

元禧十分恐懼，猜忌頓起，他召集親信家人說：「皇上已對我起疑，下一步當有行動了，我該如何對付皇上呢？」

他的親信劉小苟說：「大人位高權重，而自古皇上誅殺功臣的事就從無休止，大人為了免遭大禍，還是早做準備的好。」

元禧於是恨聲說：「皇上不仁，我自不會任其宰割。我忍氣吞聲這麼多年，難道就只能為臣子？」元禧遂反心大盛，開始和其黨羽謀劃造反事宜。

武興王楊集一開始時為元禧黨羽，可是為保住富貴倒戈相向，向朝廷密報了元禧謀反的計畫。宣武帝馬上派兵鎮壓，把元禧活捉。宣武帝當面質問元禧說：「你從不違逆於朕，朕也視你為忠臣，今日何故謀反呢？」

元禧掙扎說：「天子之位，人人豔羨，我順從於你，正是為了尋機取而代之。今日事敗，只怪天不助我啊。」

宣武帝氣惱色變，他處死了元禧等謀反之人，仍心驚肉跳，他悔恨道：「朕為元禧矇騙多年，方信大奸若忠之言。思及以往，朕真是糊塗之至了！」

從例子可以看出，人們之所以受到接近自己的人的傷害，重要一點就是錯把小人當君子，誤把騙子當朋友。而小人往往會戴著「君子」的假面，混在人群中，裝作無辜、可憐的樣子。在現實生活中，儘管那些居心叵測的人善於偽裝，但由於其本身之意在於存心害人，所以不論他偽裝得多麼巧妙，總會露出馬腳。我們可以透過他的言談舉止及處理問題的具體方式諸方面來觀察他的人品，當發現你身邊的人十分虛偽、奸詐，那麼你就可以採取適當的防範措施了。

總之，細心洞察身邊人，無論那些小人多麼善於偽裝，不管他們如何做鴕鳥狀，一旦「君子」的假面被揭下來，他們想跑也跑不掉。

遇到「危言」千萬不要「聳聽」

挑撥離間的小人總是能夠抓住讓人恐慌的因素，他們之所以能夠得逞，就是因為我們失去了判斷能力。俗話說「三人成虎」，面對流言蜚語，要保持清醒的頭腦，做出理智的判斷，遇到「危言」千萬不要「聳聽」。

一隻老鷹飛到一棵大橡樹上築起了巢，將家安在樹枝上。一隻貓在這棵樹的樹幹上找到一個樹洞，稍加整理後也在那裡安家，並且生下了小貓。母野豬不會爬樹，但是在樹底下找到一個洞，於是帶著小豬住在樹根的洞裡。剛開始時，三家互不侵犯，相安無事。

後來，貓想獨佔這塊地方，把老鷹和野豬都趕走。縝密計畫後，貓便實行牠的詭計。牠先爬到老鷹巢邊，哭喪著臉說：「哎！你們真不幸啊！不久妳的家將要被毀滅，甚至連命也會丟掉，而我們也很危險。妳往下看看，樹下的野豬天天挖土，想把這棵樹連根拔掉。樹一倒下，牠就可以輕而易舉地把我們的孩子抓去餵給牠的孩子吃。樹下的洞越來越大，我們該怎麼辦啊？」聽了貓的哭訴，老鷹嚇得心驚膽顫，驚惶失措，絞盡腦汁想辦法躲避危機。貓見自己的話起了作用，心裡暗自偷笑。

牠又來到野豬洞裡說：「野豬媽媽，妳怎麼還這麼安心地住著啊？危險來了妳還不知道！妳的孩子們非常危險，只要妳出去為孩子找食物，樹上的老鷹就會把他們叼去。妳沒看到老鷹天天站在樹上盯著妳等候時機嗎？妳可千萬別大意啊。」野豬媽媽連連感激貓的提醒，心裡也非常害怕。

貓狠狠地嚇唬了老鷹和野豬後，假裝自己也很害怕，躲進了牠的樹洞，以此來迷惑老鷹和野豬。到了晚上，她就偷偷地跑出去為自己和孩子尋找食物。而白天，她仍裝出一副恐懼的樣子，整天躲在洞口守望著。

於是，老鷹害怕野豬把樹挖倒，傷到自己的孩子，所以每天牠都靜靜地坐

人心是能夠被「閱讀」的

在枝頭，不敢亂走；野豬也害怕老鷹趁自己不在叼走小野豬，每天不敢走出洞來，在家保護孩子。過了不久，老鷹和野豬以及他們的孩子都餓死了，貓便把老鷹和野豬作為自己和孩子的食物。

與人交往之初，在沒有利益紛爭的時候，都是各司其職，相安無事。一旦出現競爭，涉及利益衝突的時候，人的本性便開始顯露出來。有的人為了在競爭中佔據有利地位，或者妄圖獨霸利益，就絞盡腦汁挑撥離間，設計陷阱，讓別人都爭得你死我活，自己卻坐享其成。這樣的人用心極其險惡，他們總是給別人製造恐慌，唯恐天下不亂。對於這樣的人，絕對不能被他們唬住，自己要具備辨別真偽的能力，不要因為別人的三言兩語便提心吊膽，誠惶誠恐。世界沒有那麼多紛爭，真正亂的是我們的內心。

貓是一個兩面三刀、挑撥離間的惡人，為了獨佔大樹，牠挑撥了老鷹和野豬的關係，引起了牠們的心理恐慌。而老鷹和野豬不經過證實便相信了貓的話，為了躲避不存在的危機連命都賠上了，讓貓的詭計得逞。壞人無端的「提醒」

其實是迷惑你的煙霧，你不能保持心裡的鎮定，不經過思考，便會成為壞人漁利的工具。

在現實中像貓這樣的人不在少數，有利益衝突必然會讓人的邪惡滋生，我們可以保持自己心靈的純潔，但不能阻止別人變壞。身處競爭的環境，不能用「相安無事」欺騙自己，當發現別人有挑撥離間的端倪時，要避而遠之。凡事經過深思熟慮，三思而後行，切忌頭腦簡單，貿然輕信。

小心「熱心」幫助你的人

一般情況下，我們有一些自己不能辦的事才會主動請求別人幫忙。但有的時候卻恰恰相反，即使你根本就不需要幫忙，一些人仍會無緣無故地獻上「熱情」，主動向你伸出援助之手。遇到這種「好事」，你可能會非常高興，心想「有人對自己好還不好嗎？」殊不知，這種「好」的背後往往隱藏著讓你無法估量的「壞」。想一想，無緣無故，有誰願意做「賠錢的買賣」呢？人們常說這樣一個詞——無利不起早，事實往往亦是如此。因此，當遇到這種「熱心人」時，一定要加倍小心。

一個傍晚，王媽媽正在散步，街上燈火輝煌，王媽媽一邊欣賞夜景一邊往前走。一個年輕人突然從旁邊走過來，熱心地攙扶著她邊走邊說：「您這麼大年紀，還是走人行道安全。」面對如此熱心的年輕人，王媽媽心中一陣感激，連聲說：「謝謝！」很快，年輕人就消失了。這時，王媽媽忽然覺得有點蹊蹺，她心想自己身子還算硬朗，而且走的路並不是危險地帶，這個年輕人卻主動將她扶上人行道，心會這麼好？她下意識地摸摸口袋，才發現兩千多元「不翼而飛」了，王媽媽這時才恍然大悟，剛才那位「熱心人」已經在扶她的過程中將她口袋裡的錢掏走了。不難看出，王媽媽就是因為沒有防備這個年輕人，才使自己的錢被偷。還有曾在社會上盛行一時的銀行卡行騙，也是同樣的道理。

某日，李婆婆在自動提款機前取款，有一男子緊跟其後。李婆婆由於對提款機的使用不是很熟練，連著輸入了兩次密碼都沒能取得現金。後來，那位男子裝作非常「熱心」走上前把李婆婆的卡退出來，拿到旁邊的自動提款機上試了半天，但他也沒有取出錢來，便說可能是自動提款機壞了，於是轉身將提款卡還給了李婆婆。而李婆婆第二天再到銀行查詢時，戶頭上的十萬塊已被提領一空。

人心是能夠被「閱讀」的

其實故事中的那個騙子，所用手法非常簡單。他早就等在自動提款機附近，看到有人用自動提款機領錢時操作不熟練，就走上前去假意幫忙，就在他拿過取款人的提款卡時，便以熟練的手法偷梁換柱，用自己手中一張沒有錢的空卡插入提款機。在取款人輸入密碼時，由於已經換卡，當然密碼不符。這時，取款人不得不再輸入一次密碼，此時騙子已經把密碼看在眼裡，他們悄悄把密碼記下來，然後幫取款人取出提款卡，還「好心」地提醒取款人，可能密碼記錯了，今天不要再取錢了，免得卡被機器「吃」了。取款人離去後，騙子便馬上把取款人卡上現金全部取走，而後再用這張空卡去騙下一個受害人。

在這個複雜的社會，當你面臨困難而別人主動伸出熱情之手時，你或許會因為一時的感激涕零而失去防範之心。這樣，一些別有用心的人就會乘虛而入，在假意給你提供幫助時悄悄傷害你，例如順手竊取你的財物。

所以，在接受別人的熱情幫助時，切不可掉以輕心讓他人有機可乘。該信任的時候還是要信任，同時也要做好防範的準備，以避免出現問題時悔之晚矣。

注意自己言談舉止，莫讓小人當槍使

做人要有「心計」，言談舉止一定要掌握好時機和火候，不要讓小人利用了你在言談舉止上的失誤，拿你當槍使以達到損人利己的目的。

玄宗天寶年間，李適之與李林甫同朝為相，此人性格豪放，心比較粗，有時遇事考慮不周。口蜜腹劍，以陰險著稱的李林甫常拿李適之當槍使，在玄宗面前爭寵。

有一次，李林甫對李適之說華山上有金礦，如果開採冶煉可以富國，聖上現在還不知此事。其實這顯然是李林甫預設的圈套，李適之稍微動動腦就會體會出李林甫別有用心。李林甫身為執政宰相，既知華山有金礦，就應直接向玄宗說，哪裡還用李適之轉達呢？李適之卻不假思索，就在幾天後借進奏他事的機會順便提起此事。

玄宗聽後，召見李林甫詢問此事，李林甫很恭敬地回答說：「華山有金礦，我早就知道了，但考慮到華山是王氣所在，不應該開鑿，不然就壞了本朝風水，所以始終也沒向您說起此事。是誰向陛下提起此事呢？此人要鑿您的本命之山，居心何在？」

玄宗聽了，覺得還是李林甫最忠實於自己，事事替自己著想，很高興地褒揚了幾句。同時覺得李適之考慮事情不周到，事後對李適之說：「從今以後，如果再有什麼事上奏，先去和李林甫商量商量，他同意了你再上奏。」從此，李適之再也無法越過李林甫直接去進見玄宗皇帝了，也因此逐漸失去了皇帝信任。李林甫巧設妙計借他人之口除掉了自己仕途中的絆腳石。

有句老話叫做「禍從口出」，做人一定要意自己的一言一行，什麼話能說，什麼話不能說，什麼事能做，什麼事不能做都要在腦子裡多繞幾個彎子。

當年趙高要陷害李斯，就故意裝出一副悲天憫人的樣子對李斯說：「現在各地群盜蜂起，天下大亂。可是當今皇上卻一味地吃喝玩樂，不理國政。我本想來勸諫皇上，可是我的官位小，說話也不為陛下所重。您身為丞相，這正是您分內的事，您為什麼不勸諫呢？」

李斯聽了哭喪著臉說：「可不是嘛，我早就想進宮勸諫，可是皇上天天深居宮中，想傳個話進去也辦不到，想見皇上就更辦不到了。」

趙高故作親切地說：「如果您真想勸諫，我給您找個機會，趁他閒著的時候你就到宮門外求見，我給您捎信時您馬上就來。」李斯很感激他。

趙高經常在宮中侍奉二世。當二世和宮女們玩得熱火朝天正在興頭兒上的時候，趙高就派人去通知李斯來求見。李斯急匆匆來到宮門外求見，二世玩得正起勁，聽到李斯求見，就不耐煩地說：「我玩得正高興呢，叫他先回去吧！」

就這樣，皇上一玩到高興的時候趙高就通知李斯來求見，連續三次都是如此。二世非常生氣，對趙高說：「我平時常有閒著的時候，丞相不來求見。偏要等我玩到高興的時候他才有事要來請示，真掃興。這不擺明是認為我年輕瞧

看穿他人讀心術

人心是能夠被「閱讀」的

不起我，真是太不像話了。」趙高見二世動了氣，便乘機大進讒言，詆毀李斯，最後以謀反的罪名除掉了李斯。

李斯因為沒有識破趙高的小人伎倆，在不知不覺中為其利用，最終招致了殺身大在日常生活中，我們一定要小心提防身邊的小人，一旦中了小人的圈套為其利用，後悔就來不及了。

比如某人有不可告人的隱私，你說話時偏偏在無意中說到他的隱私。言者無心，聽者有意，他認為你是有意跟他過不去，從此對你恨之入骨。某人做的事，別有用心，極力掩飾不讓人知，如果被你知道了，必然對你非常不利。如果你跟對方非常熟悉，也不可向他表示你絕不洩密，那將會自找麻煩。唯一可行的辦法，就是假裝不知道，若無其事。

某人有陰謀詭計，你卻參與其事，代為決策，幫他執行，從樂觀的方面來說，你是他的心腹。但從悲觀的方面來說，你是他的心腹之患。你雖然謹守祕密，從來不提及這件事，不料另有人識破機關對外宣告，那麼你也無法逃掉洩露的嫌疑。你只有多親近他，表示自己並無二心，同時設法偵察洩露這個祕密的人。

萬一對方對你並不十分信任，你卻極力討好他，為其出謀劃策，假如他採用你的方案，而試行的結果並不好，一定會疑心你在有意捉弄他，使他上當；即使試行結果很好，他對你也未必增加好感，認為你只是偶然發現，不能算你的功勞，所以你在這個時候還是沉默最好。

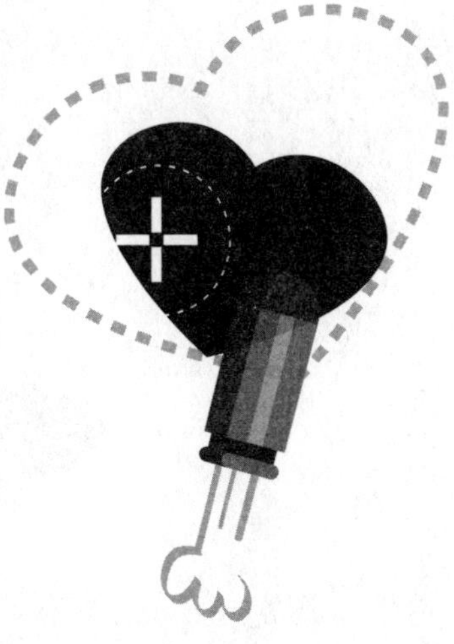

突然升溫的友情需警惕

真正的友情是靠文火慢燉出來的，它向來波瀾不驚，始終保持著一種恆定的溫度，不致燙手，也不會冷卻。但如果猛然間冒出來對你出手闊綽的「好友」，就需要警覺了。他在你身上一擲千金，很有可能是他認為從你身上能撈回來更多。

有的人為了達到不可告人的目的，必須借助一些違法手段，但又不願意親自以身試法，於是，或拉人下水或逼迫他人就範，找人替自己冒險。他們為自己找「替罪羊」的最好手段就是「交朋友」。

某研究所研製出一項新成果，在國際處於領先地位，並能創造出巨大的經濟效益。這項訊息被某國一家大公司得知，他們迫切希望得到這項技術，於是派出了商業間諜俊翔。俊翔利用合法身分作掩護，絞盡腦汁尋找機會。最後，他把目光放到該研究所參與該成果研製工作的助理研究員韓某身上。

時間長了，俊翔便與韓某成為朋友。韓某對俊翔無話不談，他抱怨自己工作十分辛苦，貢獻很大待遇卻很低，很想離開研究所。俊翔見有機可乘，馬上介紹國外公司有多麼幸福，條件有多麼好，並表示願意幫助他擺脫困境，只要韓某把他們的一項科學研究成果的資料弄到手，就可以安排他出國。

當時韓某雖意識到這是洩露國家祕密的犯罪行為，感到十分為難，但終究還是經不起俊翔的利誘，最後狠下心盜竊了資料。然而，國家相關部門對他們早有關注。三個月後，韓某因涉及非法提供國家機密被法院依法判處有期徒刑五年。直到這時，身陷囹圄的韓某才意識到這位朋友的真正用意，可是等到他醒悟時已經太晚了。

結交朋友並不是一件簡單的事。人人都希望交到好朋友，但真正要做到則需要你在結交朋友時認真觀察，小心選擇。這不是對朋友的不信任，而是一種對自己和他人負責的行為。不然的話，一時不慎結交的損友會給你造成無可挽回的終身遺憾，就像故事中的韓某一樣。

選擇朋友一定要小心，不是任何人都能當得起這個稱號的。真正的朋友平時不一定跟你有特別多的聯繫，而一旦有事需要幫忙時，他一定會伸出援手，真正的友誼是文火慢燉而出，能經得起時間考驗的。那些與你一夜之間感情升溫的人則一定要小心，要留一點心，看清對方接近你的真實目的，不要錯把壞人當知己，上當受騙，只有這樣我們成長的道路才能更平坦。

寧得罪君子，不得罪小人

得罪了君子，他要麼會寬容地一笑了之，頂多罵幾句、打兩下洩憤；開罪了小人，他就會各種陰招暗箭不定時飛出，讓人防不勝防。這就是為何人們常說「寧得罪君子，不得罪小人」。

從古至今，沒有一個武將能像關羽一樣，被上至帝王將相，下至黎民百姓，甚至草寇強盜共同頂禮膜拜。有人用「忠、信、勇、義」四個字概括關羽，今天，關公廟不僅遍及華夏大地，朝鮮、日本、越南等國家也處處可尋。這樣的偉丈夫最終卻敗走麥城。釀成這一悲劇的不是敵軍強大，而是自己陣營裡出了叛徒——糜芳、傅士仁。

糜芳是糜竺之弟。劉備在徐州敗於呂布之時，糜家兄弟助軍資幫他渡過難關，並嫁妹於他，糜竺得封安漢將軍，地位在軍師諸葛亮之上。糜芳也被任為南郡太守，護衛荊州。

糜芳本事不大，但倚著國舅的身分，先言趙雲長阪坡投敵，後又與關羽時有摩擦，關羽看在兄長劉備的面子上不介意。然而，關羽一失荊州，糜芳即投敵孫吳，氣得關羽怒氣充塞，瘡口迸裂，氣絕於地。

此前，關公在政取襄陽風頭正健之時，隨軍司馬王甫曾提醒他說：「糜芳、傅士仁兩人恐不用心竭力。」關公大咧咧地說：「汝勿多疑，只與坐烽火臺去。」關公溫酒斬華雄，誅言良殺文醜，過五關斬六將，臨江亭單刀赴會，捉龐德擒於禁水淹七軍，何等英雄豪邁，不料卻栽在只會搬弄是非的小人手裡。

與之類似，《唐書》裡面記載著這樣一個故事：

唐朝時候，有一位惡人叫丁謂，跟郭子儀同時代的，這個人當時在朝廷裡並不得志，地位並不高是一個小官，心術不正，人很有才氣，但是有才無德。郭子儀那時卻出將入相，何等威風！

有一次丁謂來拜訪他，他把他的家人完全撤到後面去，自己整整齊齊穿了朝服來見丁謂。等丁謂離開之後，家裡人就問郭子儀：「你接見人從來沒有這樣如臨大敵一般，為什麼對待這個人要這樣恭敬？」

他就跟家人說：「這個人心術不正，又很聰明、很會巴結人，不能得罪，萬一將來他做了大官、得了志，我們得罪他，他懷恨在心會報復我們的。」

他的話果然應驗了。後來，丁謂做了高官，朝廷忠良凡是觸犯過他的，他都想方設法報復人家。郭子儀不曾得罪他，所以才得以保全！

可以說，郭子儀的一生能夠平平安安地度過，與他「敬小人」的處世哲學是有很大關係的。小人之所以「小」，是因其有小心胸、小聰明，善耍陰招，猛虎之爪或可躲過，黃蜂之刺防不勝防。

俗話說君子喻於義，小人喻於利，小人不講道義、不遵章法、不惜一切、唯利是圖，是我們人生路上萬萬不可得罪的。

看穿他人讀心術

人心是能夠被「閱讀」的

Chapter 3

從行為舉止看相處之道

對你彬彬有禮的人不歡迎你太親近

人們之間相互交流的語言是反映關係親疏的重要標誌。仔細想想你會發現，和閨密、死黨在一起時，說話總有點大咧咧，想說什麼就說什麼，甚至互相「使喚」「數落」對方，反而跟顯出友誼深厚。愛人之間更是如此，所謂「打是情，罵是愛」，打打鬧鬧的夫妻情誼深，相反的「相敬如賓」則很有可能演變成「相敬如冰」。

反過來，和不熟悉的人交往，人們會十分注重禮貌和禮節，說話做事都小心翼翼。語言可以拉近或推遠相互之間的心理距離。保持適當的心理距離是人際交往的必要條件，然而如果一個人對你總是彬彬有禮，就不只是禮貌，而是一種自我保護與防衛。

曉媛進入公司已經兩個月了，生性活潑的她與辦公室的同事相處得不錯。其中一個女孩對曉媛都是非常客氣，「請」「沒關係」「謝謝」這些字總是掛在嘴邊。一開始，曉媛覺得這個女孩很有修養，於是想更接近她和她交朋友，但後來慢慢發現對方其實不太喜歡自己，關係總是不遠不近，反倒是那些互相打趣、開玩笑的同事和自己成了要好的朋友。

可見，禮貌有時被人們當做與人保持距離的武器。對於不想親近的人，人們不好意思直接說「我不喜歡你，請你離我遠一點」，於是採用這種婉轉的方式，見面會報以微笑，說話也總是很客氣，甚至有時候過分客氣讓你覺得不好意思，這就是他在暗示你「我把你當成外人，不想和你太親近」。

如果有人這樣對你，千萬不要誤會他是個「十分懂禮、有修養的人」，真正有修養的人不會讓別人感到不舒服，遇到這種情況，最好知趣地應酬幾句就走開，別把對方的禮貌當成對你的好感。

日本語言學家樺島忠夫說：「敬語顯示出人際關係的親疏、身分、勢力，

人心是能夠被「閱讀」的

一旦使用不當或錯誤，便擾亂了應有的彼此關係。」在某種無關緊要或特別熟悉的人際關係中，我們根本沒有必要使用敬語。如果在很親密的人際關係中，碰見有人突然使用敬語對你說話，那就得小心了：是否在你們之間出現了新的障礙？如果在交談中常常無意識地使用敬語，就說明與對方心理距離很大。

過分地使用敬語，就表示有激烈的嫉妒、敵意、輕蔑和戒心。所以，當一個女人對男人說話時，若使用過多的敬語，絕對不是表示對他的尊敬，反而是表示「我對他一點意思也沒有」，或是「我根本就不想和這類男人接近」等強烈的排斥反應。

有些人雖然彼此交往很長時間，雙方也很瞭解，但是，對方依然在運用客氣的言辭，說話也十分謹慎，談話總是停留在寒暄的層面。在這種情況下，對方如果不是在心理上懷有衝突與苦悶，就是在心中懷有敵意。為求掩飾，便啟動反作用的心理防衛機制——對人更加恭敬。這等於說，這類以令人難以忍受的過分謙恭的態度對待別人的人，內心裡往往鬱積著對別人的強烈攻擊欲。

反之，有人故意使用謙遜與客氣的言語，因為他們企圖利用這種方式和態度闖進對方心裡，突破對方心中的警戒線，實際上，他們的真正動機在於企圖掌握對方，實現居高臨下的願望。

如果有人總是對你彬彬有禮，即使認識很長時間了也一直如此，那麼請提高警惕，對方心裡從未把你當成朋友，你最好也敬而遠之，大家相安無事。

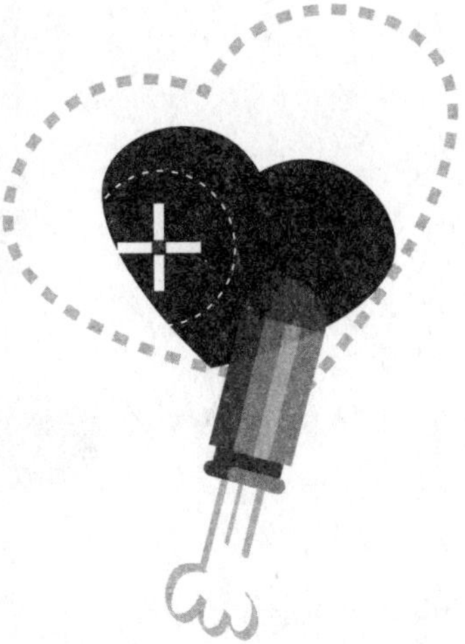

初次見面就有身體接觸的人過於自信

在生活中，我們經常會遇到這樣的情況：你的上司，或者資歷比你深的同事，在你加班到很晚時，會拍拍你的肩膀，並說些鼓勵的話。或者，你要進行一項比較重要的任務時，會拍拍你的後背，說：「加油！」還有的時候，老闆在聽完某位員工的述職報告後，簡單地輕拍一下該員工的背部。在他們接觸我們的身體時，我們會感到很踏實，有被信任和重視的感覺。

為什麼我們會有那樣的感覺呢？這是因為，一般情況下，人會根據對象的不同來調整自己的位置。當我們和喜歡的人說話時，會不自覺地靠得很近，而和不喜歡的人說話，就會保持一定距離。當我們的上司或者資歷比較深的同事拍我們的肩膀時，已經不止是靠得很近，而是有了身體接觸，這是一種親近和信任的表現，他們的這些身體接觸往往就是表示對我們工作的肯定和鼓勵，所以我們能愉快地接受。

但是，有的人初次見面也會觸碰對方的身體，這就是過於自信的表現了。因為一般情況下，人們都會覺得和自己不熟的人有身體接觸會令對方厭惡，所以初次見面時，會保持一定的距離。但是，這些初次見面就觸碰對方身體的人不會這樣認為，他們會有一種居高臨下的優越感，覺得自己拍對方的肩膀或者後背，對方會很高興。所以說，在他們的潛意識裡，是認為自己很了不起的，這類人是過度自信的。

不過，不同的身體接觸部位，也可以說明不同的含義：

1、對方輕輕觸碰你的手，是想給你留下好印象

美國的心理學家近來研究發現，有意識地輕輕觸碰一下對方的手可能會讓自己給別人留下很好的印象。因此，當有人輕輕觸碰你的手時，很可能是想給你留下美好印象。而且，如果對方從事的是服務業工作，那他的這一舉動就可

能是想博取你的好感，進而使自己獲得更多的小費。因為，心理學家專門作過一個小測驗。他們讓一家飯店的部分服務員在客人結帳時有意識地輕輕觸碰一下客人的手肘或是手。結果發現，這樣做的女性服務員從客人那裡得到的小費要比沒有這樣做的女性服務員多四十%左右，而男性服務員也這樣做時，其所得小費也要比沒有這樣做的男性服務員多三十%左右。

2、對方接觸你的手肘，是想拉近你們之間的距離

因為大多數人不把手肘當做個人的私密空間，所以選擇這個部位碰觸通常不會讓人感覺到被侵犯。而且因為大部分人並沒有和陌生人身體接觸的習慣，這樣短而輕的碰觸剛好給對方留下了印象。因此，如果對方輕輕的、短短的碰觸你的手肘，是想拉近你們之間的距離。

當你與對方初次見面時，對方在與你進行握手的同時能用自己的另一隻手去輕輕觸碰一下你的手或手肘，是想獲得你的好感或拉近你們之間的距離，進而使你更加認真地傾聽對方，並加深了他在你心目中的良好印象。所以說，初

次見面就有合適的身體接觸，可以給別人留下好感，也難怪會自信滿滿了。

如果是初次見面，或者在雙方不熟悉的時候，就和對方有身體接觸的人，是過於自信的。如果運用得當的話，會取得良好的效果，這樣的人也比較容易在管理層或政界獲得成功。

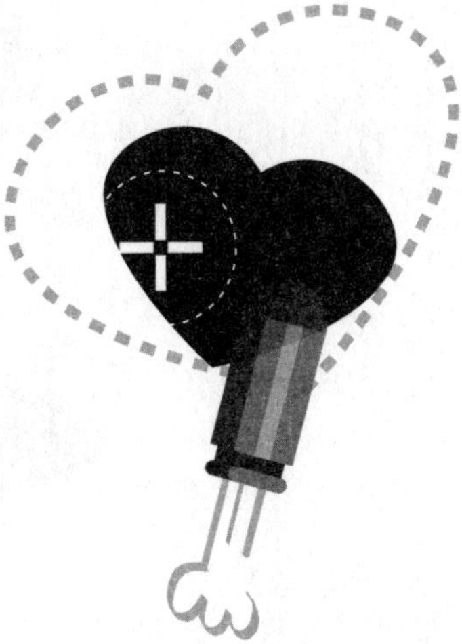

看過馬路的方式推斷對方性格

在生活中，如果我們仔細觀察，可以發現，同樣是過馬路，不同的人卻有不同的方式，透過他們過馬路的方式，可以推出他們的性格。

有的人眼睛一直盯著路燈，一看見紅燈轉成綠燈就率先走過，迫不及待先越過馬路。這樣的人，性子很急，是在生活中總被時間追著跑的人。他們做事的風格通常也是雷厲風行，不會拖拖拉拉，乾淨俐落，而且極有主見。這些人，因為常常是風風火火地行動，所以會給人一種對別的事都不屑一顧的印象。但是，他們也有喜歡照顧別人的一面。拜託他們的事一般不會拒絕，而且一定會儘量幫忙。不過也有缺點，就是會有點武斷，只知道按照自己的想法去做事。

有的人則是不緊不慢，看見旁邊的人開始走後，才跟著一起過馬路。這類人通常比較合群，性格隨和容易相處。但是他們也強烈傾向於按照自己的步調行動，和別人的交往也有自己的防線，比較冷靜。

有的人很注意自身安全，總會左右確認沒有車輛才通過，而且多半是站在人群中間。這樣的人平時小心謹慎，害怕風險，有時會有些畏縮不前。也有些人在過馬路時，不在意撞上迎面而來的人，反而從中間直線穿過。這樣的人一意孤行，不會想到別人。他們不願意與人交往，此外也是不太會替人著想的人。

透過一個簡單的過馬路，就可以判斷一些人的性格，而當有人從你們之間穿過時，透過他閃避的方式，又可以判斷他對你的態度。這說明，走路也是有學問的。

兩個人肩並肩在路上走，大多時候，是互相配合，儘量走得速度和步調一致。但是，在配合的過程中，即使非常小心或者無意識，也會從中看出是誰有點超前，是誰有些許滯後，有誰在故意放慢腳步，有誰是完全不用配合地走路等等。透過這些細節，也可以看出對方是怎樣的人：

人心是能夠被「閱讀」的

如果你和他並肩走著，他不知不覺走到了你的前面，說明他是一個性急而競爭心強的人。因為他會無意識地想要超越你。即使他配合你的步調，也只是說明他具有良好的耐心及自制力，可以壓抑自己的本性。如果他走在你的前面，還露出不愉快的表情看著你，說明對你有點反感。

如果和你並肩走著，細心注意配合你走路的人，是對你有好感的人。因為他想採取謙和的態度來討你的歡心，以引起你的好感。而不自然地與你並肩走著的人，是十分害怕和別人不同的人。因為他對自己沒有自信而感到不安，所以特意跟人採取同樣的行動。

而有的人在並肩走著的時候，會常常撞到。一般情況下，你和對方碰到一次之後，會把距離拉開並且改變步調，以免再次碰到。但是，如果還是會碰到或者撞到，有可能是對方節奏感不佳，或者走路的平衡感不佳。排除這個身體上的因素，且對方在與你產生身體碰觸後沒有厭惡感，可以判斷出他對你有好感。因為，這有可能是他有意或者無意地想要接觸你。

當然，如果並肩走的兩個人是情侶的話，對方如果和你慢慢地溜達，是非常喜歡你的行為。因為這樣可以與你親密地走在一起，而且慢慢地走又可以和你在一起的時間長一些。

另外，當你和你的朋友，一起走在人行道上。這時，對面有一個行人試圖從你們中間穿過，你們會有什麼樣的反應呢？

實際上，這是一個實驗。透過使人刻意從在人行道上行走的兩個人之間穿過，觀察他們的反應，進而判斷他們之間的關係。一般情況下，他們採取的行動有：兩個人一起移動，讓別人通過。或者，兩個人左右分開讓行人從中間經過。實驗的結果是，採取兩個人一起移動的，八成以上是男女情侶。也就是說，如果兩個人之間的關係親密的話，會選擇兩個人一起行動。

因此，當你和朋友並肩行走，正面有行人過來的時候，請仔細觀察你身邊的人會如何閃避。如果他的身體向你這邊靠來，表示他對你有好感，想要和你有親密的關係。如果他離開你，讓行人通過，表示他對你只是像對待客人般的

人心是能夠被「閱讀」的

禮貌關係而已。

整體來說，透過觀察一個人過馬路的動作，就可以初步讀出人們的心理活動以及性格。

選擇坐在你旁邊，是想要親近你

在選擇座位時，一般來說，我們都應該本著不能侵犯他人私人空間的原則去選擇。因為每個人都有一個屬於自己的私人空間，不同的人可以接觸的私人空間範圍是大不相同的，也正是因為這個原因，座位的選擇往往能反映這個人與你的關係和親密程度。

比如，對方選擇坐在你旁邊的位置，就是想要親近你的表現。因為與對方並肩而坐，是一種非常親密的就座方式。它表明就座雙方的關係非常親密，如果是異性之間如此就座，兩人多半是情侶或夫妻關係；如果是同性之間如此就座，則說明兩人是非常親密的、知心的好朋友關係。

這樣坐的原理就是，選擇此種座位方式，彼此都朝著一個方向，注視相同

的物件，這就很容易產生連帶感，雖然他們彼此之間沒有發生視線的接觸或交流，但兩人的內心肯定是在進行著積極的交流。而雙方沒有視線的交流，彼此便不會受到對方視線的干擾，所以雙方可以進行自由暢快的交談。所以，當對方選擇坐在你旁邊時，是渴望與你進行深入的交流，是想要親近你的表現。

正是因為如此，很多咖啡店增設的情侶座只有一個茶几和一條長椅。讓熱戀中的情侶並肩而坐，不僅有利於情侶們小聲地傾訴衷情，還可以消除情侶們將對方視為一個獨立個體的心理潛意識，進而達到彼此心靈默默交融的目的。

除了坐在你旁邊的位置，還有兩種選擇座位的方式。其一是坐在你的對面，其二是坐在你的右側面或左側面。

面對面相坐，這是一種防禦性的就座方式。你們可能表面看起來非常熟悉、親熱，但實際上雙方彼此間可能僅僅是朋友關係，雙方之間在心理上的理解深度也還不夠。而橫在你們之間的桌子也就成了一道屏障，使雙方之間產生了一種距離感。此種情況下，你們一般不適宜做各種姿勢，因為這會讓對方盡收眼底。

當然，這種選擇方式的最大好處，就是可以避免兩個不太熟悉的人面對面直接相處，如果一旦這樣的話，會使對方的半身或全身呈現在另一方的視野範圍之內，這就很容易讓雙方因視線的衝突發生「心理對峙」的現象。

坐在你的右側面或左側面，這是一種較為友好的就座方式。說明你們彼此較為隨意、友好，或者是好朋友關係，或者是合作關係。你們可以無拘無束地進行交流。當然，交談的一方可以作出很多姿勢，同時你也可以自由地觀察對方的姿勢。

另外，假設你和朋友約在某咖啡廳見面，不過你們並沒有事先預訂好座位，那麼根據是你先到還是對方先到，可以借機觀察他選擇座位的方式，進而瞭解他的個性特點。

1、從先到時選擇座位的位置，瞭解對方的性格

如果他身體面向咖啡廳的入口，是很體貼入微的人，因為這樣可以很容易

人心是能夠被「閱讀」的

就看見你走進來，可以及時給你招手，不用你辛苦地尋找他。這樣的人很容易交往，對人展現出互助合作的態度。

如果他不但是面向入口，而且就座在入口附近，那麼他多半是個急性子，做任何事都想速戰速決，非常焦躁，無法平靜下來，對時間很敏感，此時此刻並不想和你悠閒地聊天，只是想立刻解決問題。

而選擇背對著入口，是以自我為中心的人，寧願等著別人來找他，白白地浪費時間，也不願意主動招呼別人。坐在牆壁旁邊而且面向牆壁的人，多半是性格內向的人，不希望和人有瓜葛。

2、從後到的人選擇的座位，知道他的個性

如果是你比他先到，如果他選擇面對面坐著，那你要注意觀察，對方是採取朝向你的對面姿勢，還是會稍微挪一下身子，採取微側著你的姿勢。

正面朝向你比側面朝向你感覺來得緊張，這是對決與競爭的要素很強的位置關係。如果對方坐在你的正對面，應該是抱著很強的念頭和打算。「今天一

定要得出結論」「打算做徹底的討論」，心中應該有這一類的想法。性格上，也多是外向的。如果對方採取微斜側著的姿勢，就沒有了面對面的緊張感，這樣可以比較輕鬆愉快地談話，說明他希望和你閒聊。

根據座位的選擇可以看出對方對你的態度，如果你能解讀這些含義，也可以簡單做好防備。不過，當他肩並肩坐在你旁邊的位置上時，多半沒有惡意，只是想親近你而已。

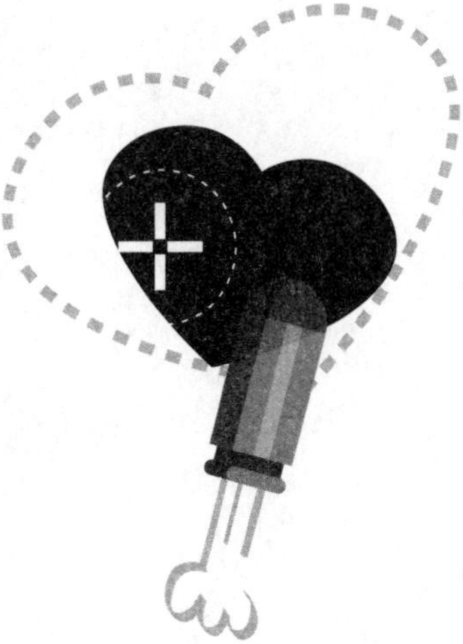

會對服務員說謝謝，是有修養的人

我們經常會遇到這樣的情況：我們新認識的某個異性朋友，或者新男友，非常的體貼、有魅力。在一起出遊或者一起吃飯時，對我們體貼入微，關懷備至。我們深深地為他著迷了。但是等接觸時間長了，我們發現好像他只有對我們好而已，對周圍的人並不是很有禮貌。

比如，同樣是吃飯，他會體貼地為我們拉好椅子，會優雅地為我們展示他的幽默感。但是，他也會魯莽地告訴老闆，事先預約了。詢問侍者菜單的配料時也是審問罪犯的語氣。還會瞪著倒開水時不小心碰到他的侍者。這樣截然相反的態度，讓我們有些迷惑，不知道他到底是個怎樣的人。

還有的時候，一個辦公室的同事，互相非常友好。大家會在一起討論工作上的困難，在閒暇的時候，聊些生活上的趣事。這時，有人的快遞到了。接收快遞的人，從工作裡或者正在聊的話題中走出來，在單子上簽下自己的名字，連頭都不抬就趕緊回到了原來的狀態中去。別的同事都感到他缺了點什麼，思考一會，才知道缺了「謝謝」和修養。實際上，在對陌生人的態度上，最能反映一個人真實的修養。真正仁慈、體貼、有自信的人，在對待別人的態度上，不會因為自己的心情或對方的價值而異。因此，真實地瞭解一個人，就應該觀察他如何對待日常往來的人，因為這最能反映他真實的修養，而且，當你們的關係不再新鮮或者他對你沒有耐心時，他也會這樣對待你。

另外，從點菜方式也可以看出一個人的性格。比如，點菜時，會打手勢招呼店員過來的人，會去考慮周圍的環境，會考慮他人的立場。這樣的人不喜歡出風頭，明白什麼是自己該做的，會耐心地等待自己的機會。而在點菜時大聲叫店員的人，自我表現欲強烈，而且有些急躁。因為對店員用命令的口吻說話，會對地位與身分的上、下級關係計較。有的人會等店員拿菜單過來。這樣的人

人心是能夠被「閱讀」的

比較有耐性，樂天而穩重。不招搖、沒有自我主張，但是也容易累積壓力。

因此，當我們評估一個人的性格時，應該仔細注意他如何對待超商的店員、加油站的服務人員、速食店的侍者。從這些細節著手，更容易判斷一個人真實的性格。一個因為自己的心情或者對方的身分而採取不同態度的人，不是一個品格完美的人，而那些會對服務人員說「謝謝」的人，才是真正有修養的人。

真正的修養，體現在應對陌生的服務人員裡，也體現在與同事的交往之中。

經常聽到大家抱怨，同事之間的關係難處，或者人際關係複雜。確實如此，不論是你在窗明几淨的辦公大樓裡工作，還是在菜市場賣菜，都少不了要和同事或者同行打交道，每天都要應付上司、同事、下屬或者客戶。這種應對牽涉到種種利害關係，因此大家都會有技巧地說話、辦事，而不同的人處理這些關係的方式，也可以反映出一個人的性格和修養。

這裡特別要注意的就是對待同事的方式。有的人在同事需要幫助時，能夠盡自己所能地幫助對方。而有的人，卻吝嗇幫助同事。他們不和同事交際，只管自己的事，認為自己的成功是建立在同事的失敗之上。因為同事的失敗，才能突出自己的成功，進而將自己的自信建立在別人的失敗之上。這樣的人，是註定沒有大的成就，也是我們應該敬而遠之的。

另外，主管對待員工的方式，最能表現主管的性格和修養。因為掌權者容易被權力迷惑了理智，進而將自己的弱點暴露無遺。如果主管對下屬毫不友善、言辭犀利，這樣的主管通常都是跋扈、遲鈍、缺乏安全感而又粗心的。而對員工尊重、友善的主管，通常都是慷慨、積極、有自信並且關注自己形象的人。

而員工對待主管的態度也能反映出員工的性格。有些員工憤世嫉俗，逢迎諂媚，是想得到他人的認可，並且有些虛偽做作。有些員工謙恭有禮、敬業踏實，顯示了他們對自己的工作滿意，並且高度自重。

在工作中，總是避免不了與同事的相處和競爭。這時，你就要注意那些只把目光投放在同事身上，吝嗇幫助同事，將自己的自信建立在同事的失敗之上的人，這樣的人只會損人不利己。

習慣性遲到是因為態度傲慢

有些人，總是習慣於遲到。雖然守時是基本的禮貌，但是他們總是習慣性地遲到一會，少則幾分鐘，多也不超過二十分鐘。其實只要早一點點從家裡或公司出來就可以避免遲到，但是他們就是做不到，而且，每次遲到都要費盡心思地找藉口，什麼「塞車」、「忘記東西又回去拿了一趟」、「錶壞了」，等等，然後下一次繼續遲到。這種人很容易給別人留下「散漫」「沒有時間觀念」的印象，難以成為職場上的成功人士。

你身邊有這樣的人嗎？他們平時做事可能態度也不錯，也肯定不是每次都遲到，但是和你約好見面時，卻總是習慣性的遲到幾分鐘。如果你的身邊有這樣的人，那麼你要注意了，習慣性遲到是因為態度傲慢。這是因為在他看來，你是無關緊要的，因為遲到一會兒給你造成麻煩也沒有關係，所以他才會一直遲到。

總是遲到的人，也是不遵守時間的懶散傢伙，並且比較自私。他們不考慮對方，只想到自己。不過歸根到底，還是態度傲慢，覺得自己居於上位，遲到沒有關係。遇到這樣的情況，你應該先反省一下，看看自己是否也常遲到。如果有，先改變自己的這個壞習慣。如果沒有，就應該根據情況採取措施了。不過，如果對方是你的上司，那你只好忍耐了。但是，如果對方是你的同事，哪怕是資歷比你深的前輩，你就要想辦法解決這種狀態。因為，如果你一味的遷就他的遲到，只會被他一直小看。

不過，也有故意遲到的情況，並以此來試探對方對自己的重視程度。比如在戀愛中，經常會有女孩故意遲到，看男朋友是不是等得不耐煩了。一旦發現有焦躁的情緒就會想：我才遲到十分鐘他就生氣了，可見他並不愛我。

如果你等的人遲到時間超過了二十分鐘，那就不僅是態度傲慢的問題了。

根據一項調查，「等待的人一直不來」的狀態持續二十分鐘後，人就會開始焦躁。所以，遲到二十分鐘就是挑戰對方忍耐力的極限。

如果你等的人，遲到二十分鐘，這只能說明他工作秩序混亂，組織性不強。也可以說明，他想借遲到故意抬高自己，向你施壓。因為讓人等待是一種壓低對方身分，進而抬高自己地位的好方法。因此，在碰到這樣的人時應該提起高度的警惕。

也有一些人，習慣於有計劃地防備意外發生，也不想急急忙忙地趕過去，所以總會比約定的時間早一些到達。這樣的人，守時，對自己要求嚴格，個性比較體貼，或者不想被人抓住弱點留下不好的印象。如果提前到達三十分鐘的人，也並不是好習慣。早到這麼久，說明對方的性格比較急躁，沉不住氣。

一個人守時是言而有信、尊重他人的表現，而習慣性遲到是態度傲慢不懂得尊重他人的表現。所以，當你碰到這樣的人，一定要注意他遲到背後對你的輕視。

從他安排座位的方式看性格

在之前，我們講了選擇座位與性格的關係，但如果是對方安排座位，也能看出他們的性格。心理學家研究發現，在商務或談判場合中，雖然人們在文化背景和相互關係中存在著細微的差別，但一個人對別人座位的安排，往往還是能體現他對別人尊敬或喜好程度。

如果對方將背窗的座位安排給你，這就說明對方非常尊敬你。我國傳統的待客之道就是讓客人居上座。一般來說，靠牆壁、靠窗的位置都是上座。如果安排你坐背窗的座位，既能體現他對你的尊敬之情，也能贏得你對他的好感。而且，此座位能帶給就座的人極大的優勢。為什麼這樣說呢？我們知道，窗戶往往是朝陽的，背對著窗戶就座的人也就背對著太陽，所以坐在此座位上人的臉的表情變化就不易讓對方看清楚。

反之，坐在他對面，或是兩旁人由於正對著太陽，因此其臉上的表情可以讓背窗而坐的人看得一清二楚。因此，他們將你的座位安排到背窗的位置，等於是將自己的表情都心甘情願地暴露在你的注視之下，卻看不到你的表情。還有，他們看不到你的表情，也可以說是不敢看你的表情，不敢直視你。所以說，這是對方尊敬你的表現。

如果對方選擇一種較大的桌子，將你安排在他的斜上方位置，這表明他比較尊重你。他內心對你的認同感較為強烈，並且往往將你視為能真正進行交往的朋友。在交談時，由於彼此較少發生目光接觸，因此雙方的心理負擔較少，非常容易產生親近感。因此，雖然離得比較遠，你們也可以進行比較親密的交談。所以，他將你安排在這個位置，也是願意與你進行進一步瞭解的。

如果對方將你安排在他的對面，這就說明他視你為競爭關係。他們的內心沒有真正接納你、相信你，在潛意識中他對你始終抱有一種防禦態度。所以，他們不知不覺就在安排座位的時候，把你放到了自己的對立面。這樣的情況大多出現在交談或談判的過程中。在這時，你和對方總會有一種緊張感，如果處理不當，很可能將這種緊張感演變成對立的情況。所以除非必要，儘量少於這樣的人來往。

如果對方將你安排在同一水準位置上，甚至是並肩而坐，這就表明對方完全接納了你，他不僅非常信任你，還會將你視為他的知心朋友。他對你已經沒有了太多的生疏感，說話也沒有太大的顧忌了。你們可以想聊什麼就聊什麼，就算不說話，也不會覺得尷尬。當然，對方對你的尊敬之情往往是溢於言表的。一般來說，你們是比較好的朋友。如果不是朋友，而是雙方在此種條件下進行商務談判，往往能獲得雙贏結果。

所以，當你和一個人還不算太熟的時候，看他怎麼安排你的座位，可以看出他是一個怎樣的人。

總往人群裡鑽的人內心渴望被關注

有人喜歡清靜，看到人多就迷糊；而有人一頭鑽進人堆裡，哪兒人多他往哪兒擠，跟一大群人湊一塊兒，吃零食、喝茶水，或者聊天說笑。這時你若看他，一定是小臉通紅，顯得特別興奮。對於人煙罕至、冷清的地方，他會兩條腿跑開，能躲多遠躲多遠。

像這樣喜歡一頭鑽進人堆裡的人，往往是那種內心渴望得到別人關注的人。他很孤獨，又有點虛榮心，希望自己成為人群中的「明星」人物，希望鎂光燈都打在他的身上，希望大家把目光都凝聚在他身上，這樣他就能獲得一種內心上的滿足。

喜歡往人群裡鑽的人，一群人聊天他的嗓門最洪亮，總是試圖蓋過別人的聲音，甚至還會做一些誇張的動作和表情，講一些誇張的故事。只要能讓他在人群中突顯出來，他就會感覺很高興。自然，他最興奮的是大家都談論他，都和他有說有笑。反之，如果大家對他的表現反應冷淡的話，他臉上的興奮很可能在瞬間就暗淡下去。

在工作中喜歡往人群裡鑽的人，他們也喜歡故意製造出一些小噱頭來吸引大家的目光，即使大家都忙於手頭的工作根本無暇顧及。他們希望得到別人的關注，這也體現了他們對團體內心的依賴感。他們身在團體中，總是渴望被關注，希望成為這個團體中最閃亮的人物。吸引大家對他的關注，對他來說就是最大的獎賞，而如果沒有人關注他，那他會感覺孤獨無望，即使給他多加薪水，他也不一定能高興起來。

所以，如果你正和朋友說話，忽然鑽進來一個人非要問問你們在說些什麼，那麼這個人很可能是那種內心很渴望被關注的人，如果他沒有惡意的話，不妨多聽聽他說話，以滿足他的心理。

生活中，還有另外一種人，無論你和朋友在做什麼，他都喜歡跟在你們身後，這也是內心渴望被關注的典型，一般來說他是依賴心理比較重的人。他做事習慣了被領導被安排，喜歡聽令行事。他內心渴望被關注，但又與喜歡往人群裡鑽的人有所不同。他不是想成為人群裡的焦點，他只是想有人可以把他的一切都安排好，因為他懶得去打理自己的生活。如果是跟朋友一起出去逛街，他常常是走在最後面的那個。因為他往往不知道下一站該往哪裡走，要買什麼東西，中午在什麼地方吃飯等等的問題，他喜歡聽從他人的意見，「一切您說了算」這就是他的心理寫照。

總在人群後邊跟隨的人依賴心理很強，他們的內心也十分渴望被關注。如果你看不到他們的存在，他們往往會不知所措，「下一步該怎麼辦？」他們會倍感焦慮。這或許與他們的成長環境有關，這類人往往是家裡的獨生子，或是家裡年紀最小的一個孩子，他們習慣了依賴父母或哥哥姐姐，習慣了被人照顧，被人指揮。無論長多麼大，他們內心都像個孩子一樣，渴望著別人關注，渴望著別人照顧。

所謂在家靠父母，在外靠朋友，在公司裡依賴同事，就是他們的真實寫照。生活中，他們的大小麻煩不斷，總是依靠別人的幫忙才行。他們也是十足的懶人，常常會做一些不勞而獲的夢，洗衣服煮飯的家務幾乎都不會做，因為從小到大他們幾乎沒有做過家務。在公司裡，除了自己的工作任務，其他人的工作他從不過問，他們的依賴心理和懶散相互作用著，越是犯懶，依賴心理就越強。當有一天身邊沒人可依靠時，他們甚至會有一種想哭的衝動，覺得毫無辦法，覺得自己十分孤獨和可憐。

所以，無論是往人群裡鑽的人還是在人群後亦步亦趨的人，都是內心感覺孤寂，渴望被關注的一類人。

從處理信件看出一個人的性格

由於寫信有寫信的享受和樂趣，所以依然有很多人還堅守著寫信這塊陣地。暫且不說信的內容為何，對四面八方來信的處理方式就五花八門。我們從處理信件的方式也可以看出一個人的大概性格。

比如，有的人在接到信後，並不著急看信，而是繼續處理手頭上的工作。這樣的人，都是非常繁忙的。他們有著遠大的目標，雖然可能和目前的工作無關，或是有很大的差距，但是他們從來都沒有想過就這樣一直平庸下去，而是等待機會和條件成熟。當他們的時機到來的時候，一定會緊緊抓住。所以，這樣的人是具有遠大的目標的，他們會為了自己的目標而奮鬥。

另外，他們的時間也被安排得緊緊的，根本就沒有閒暇時間來進行如處理信件這麼小的事情。不過，這也不是說他們會對這些信件置之不理。當他們接到信件後往往放到抽屜當中，等到有時間再細細閱讀。而那些並不重要的信件往往會遭到被丟棄的命運，因為閱讀這些信件會浪費他們的時間。

有的人恰恰相反，接到信後立即看信，看完信後又急於回信。這樣的人，時間觀念較強，他們會儘快地處理這些信件，一般都是儘快地看完後，再儘快寫好回信。當他們處理完後，才會繼續處理其他的事情，為的是不讓對方等得太久。不過，這也並不是很好的行為，因為他們總是把精力和熱情用到處理信件等這些瑣事方面，在正事上卻表現得很不盡如人意。他們懶懶散散，不知該做點什麼好，而且有玩世不恭和混日子的態度。

有的人喜歡請別人代替拆閱信件。他們屬於不善於掩飾自我的類型，不僅將信件這樣的私人物件公佈於眾，對生活與工作當中的所謂隱私他們也不喜歡遮遮掩掩，而代替他們拆閱信件的人往往是他們最信任的。所以，他們對於信任的人，總是什麼事都依賴人家。他們在物質方面表現得也很無私，可以博得別人的欣賞。不過，他們比較自信，為人處世喜歡以自我為中心，所以人際關係處理得並不太好。

有的人在收到信件後，會先看清來信人再拆閱信件。這樣的人，謹慎小心，為人處世嚴肅認真，能夠善始善終，不會因為感情用事或一些意外而放棄正在進行的事情。有原則和責任心，對待自己應該承擔的事情從不推諉，能夠得到自己身邊人的信任。

有的人會有選擇地拆閱信件。他們一般先挑出私人信件，然後再閱讀公文等資料。這樣的人，特別注重朋友之間的友誼與親人之間的感情。他們多愁善感，禁不起意外的打擊，在挫折面前容易表現出束手無策，總是想得到親朋好友的幫助。所以，透過不同的人對信件的處理方式，可以折射出不同人的複雜的性格。

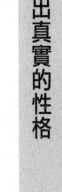

從洗澡方式，判斷出真實的性格

洗澡是日常生活中一件非常重要的事，有很多人甚至將沐浴視為重生的象徵，洗掉每日的污穢，然後以全新的自我迎接世界。因此，當一個人脫下衣服、卸下扮演的角色時，便還原成真正的自己。所以，從人們的洗澡方式，也很容易判斷出一個人真實的性格。

有的人喜歡洗熱水浴。喜歡洗熱水浴的人，一般都非常熱情。因為熱水使人的感情勝過理智，所以他們經常會感情用事，做一些熱情的事。這和淋熱水浴所得到的熱血沸騰感相一致。他們也喜歡做充滿「熱情」風格的事。比如，他們很可能有「熱烈」的羅曼史。因為他們的熱情，不僅對別人也對自己。所以，他們會對自己的另一半表達出自己熱烈的情感，進而又接收到另一半反射回來

人心是能夠被「閱讀」的

的熱情。因此，他們的感情一般都是轟轟烈烈的。他們也喜歡吃「辛辣」的食物，覺得這樣的食物才夠味，夠刺激。他們處理每一件事都可能感情用事，所以如果他們被對方拒絕，很快就會面紅耳赤、無地自容。

有的人也喜歡熱水澡，但不是淋浴，而是熱水盆浴。他們喜歡赤裸裸地和一群人一起洗澡，這說明他們可能是追求自然主義的人，不受一般社會常規或舊式道德規範的約束。此類人極端前衛，尤其在自我意識抬頭時更是如此。

有的人恰好相反，喜歡洗冷水浴。這種人喜歡保持理性。他們做什麼事，都比較理智，都要讓自己的情緒合乎邏輯，不讓強烈的外界反應影響自己的判斷。因此，他們頭腦冷靜，做事認真而且非常專業。他們會隱藏自己內心的真實情感，所以即便是喜歡一個人，或者對一個人有看法也不會輕易開口。

有的人喜歡泡泡浴。這類人多為女性，她們對自己很放縱，喜歡享受長時間的美容浴。每次都會修一次指甲，做一次臉或修一次腳趾甲。因為她們很在意外表的吸引力，總是在週末做些按摩和有益健康的活動，必要時，還會做美容手術消除魚尾紋、雙下巴或凸出的小腹。

有的人喜歡蒸汽浴。喜歡蒸汽浴的人總是堅持由內向外發掘問題。他們深信，只要徹底流一身汗，沒有治不好的病症。而且，蒸汽浴是一種放鬆的方式，好把體內的污穢清除掉。所以，他們是非常愛乾淨的人，想要從內而外地使自己的得到徹底的清洗。

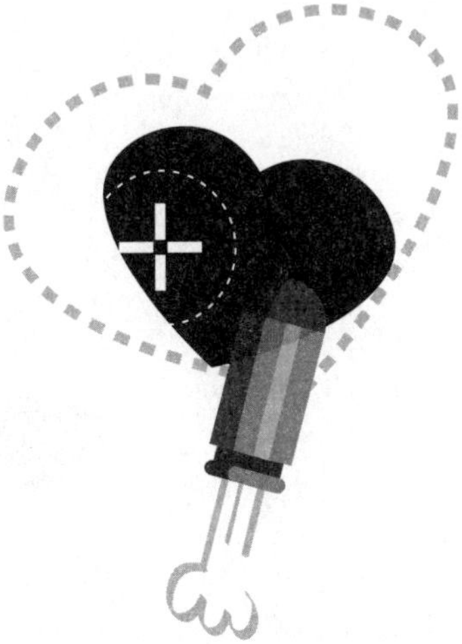

簽名也能反映出對方個性

我們經常說「大名鼎鼎」或者「名不見經傳」，可見名字的重要性。雖然名字是一個人的身分代號，但是古往今來，有多少人想名垂青史，由此可見人們對自己名字的重視。時至今日，人們的交際圈越來越大，交際活動也越來越頻繁，亮出自己名字的機會也越來越多，於是簽名成為人們一項重要的交際內容。簽名有美有醜，有大氣也有小氣，千姿百態，讓別人不僅獲得簽名者的個人資訊，還把他們的性格反映出來。

有的人在簽名時，喜歡將名字寫得向右。這樣的人，信心十足，熱情洋溢，積極向上。他們總是一副充滿朝氣的樣子。在遇到困難的時候，很難被打倒，而是用堅定的信念去克服困難，用積極向上的心態來迎接挑戰。他們也總是一副和藹親切的樣子，在人際交往過程當中經常主動向別人靠攏，別人也會笑臉相迎，和他們愉快地交談。但這並不是他們成為社交高手的主要原因，他們真正高明之處是「醉翁之意不在酒」，在交往的時候表面熱心參與，而實際上置身事外，對全域進行縝密的觀察和瞭解，別人的一舉一動幾乎都逃不過他們的眼睛，所有的發展變化都在他們的掌控當中。因此，這樣的人是非常成功的，他們不僅能夠積極向上地應對人生，還能伺機而動實施自己的計畫。

有的人喜歡名字向上。這種類型的人，一般都是有雄心壯志的人。他們不畏辛勞，堅定執著地朝著自己的理想前進。他們和喜歡名字向右的人一樣，也有積極向上的精神，會想盡辦法戰勝眼前的困難。他們喜歡榮譽和鮮花，非常熱衷對世間的一切享受，這也是他們不懈努力的最終結果。他們可以成就大的事業，同樣也會將災難降臨到別人的頭上。

有的人在簽名時，喜歡名字向左。這樣的人，一般不喜歡按照常規辦事，喜歡創新和追求不同凡響。如果他們喜歡某個人，就會冷酷到底；如果厭惡某個人，則會熱情周到。他們喜歡表現自我，在陌生人面前直言不諱，而他們認真誠懇而又不失幽默的表現往往會獲得大眾的喜歡。

有的人喜歡名字向下。這樣的人，通常都是消極的等待者或妥協者，總是一副有氣無力的樣子，猶如大病初愈，又好像歷盡了滄桑和磨礪一樣。他們自信心不足，不敢設計未來理想，見到別人取得榮譽，雖然有時也會熱血沸騰，但轉眼間又去隨波逐流了。

有的人喜歡將名字寫得特別大。這樣的人表現欲望強烈，喜歡招搖；注重表面文章，總是將非常多的精力用到穿著打扮上，給人留下良好的視覺感受，但不會讓人對他們念念不忘，因為他們沒有辦法打動他人的內心。他們總喜歡將眾多的任務攬於一身，但是他們的工作成績表現出他們的真實面目，那就是他們能力有限，遇到困難顯得軟弱無能，更有甚者無法有始有終。

而有的人喜歡將名字寫得特別小。他們的性格與簽名特別大的人截然不同，不喜歡在大庭廣眾下拋頭露面，引人注意，既不積極用特別的外表吸引別人的注意力，也不主動向別人打招呼和表示什麼。他們對自己沒有足夠的信心，工作上的表現雖然不是十分主動，但屬於自己的工作都能集中精力來完成，沒有很強的功利心，喜歡平淡的生活。

人們的簽名各有各的特點，也反映出了各種不同的性格。只要我們用心觀察，透過一個小小的簽名，就可以看出他們的心理活動。

用名片看透一個人的性格

我們不僅可以從名片上看出一個人的地位和身分，也可以從名片看透一個人的性格，看透他的內心世界。

比如，有的人喜歡用輕柔質感的材料製作名片。這樣的人，大都性情溫和。他們說話很有禮貌，用詞也很文雅，所以他們很少與人發生爭執。他們常期望有一些浪漫的事情發生，也喜歡做一些浪漫的事。一般來說具有很強的審美觀念，熱愛藝術。他們的性情溫和，脾氣很好，很少動怒，在條件允許的情況下，還會盡力去原諒對方。比較富有同情心，會經常去幫助和照顧他人。但是，他們也有缺點，就是有時候意志不堅強，常常因為失敗而煩惱，而且在受到打擊時很容易放棄。

有的人喜歡在名片上用粗大字體印上自己名字。這樣的人多表現欲望強烈，他們喜歡不時地強調自己，以吸引他人注意的目光。這種人的功利心一般較強烈，但在為人處世等方面卻表現得相當平和、親切，具有紳士風度。最擅長使用某些手段來達到自己的目的，他們的外表和內心經常會相當不一致，在表面他們是相當隨和的，但實際上有很強的個性，不容易讓他人真正地接近。他們是人際關係的高手，處理問題的能力較強。

有的人的名片質地、形狀和色澤都顯得相當另類。這一類型的人表現欲望也是相當強的，而且喜歡賣弄。他們多喜歡無拘無束、自由自在的生活。這種人大多頭腦靈活，有不錯的口才，但習慣於獨來獨往、我行我素。他們大多善惡分明、心直口快，因此很容易招惹很多不必要的麻煩。

有的人不分時間、地點和場合，見到人就遞自己的名片。這樣的人也是有十分強烈的表現欲望。見人就發名片，正是他們這一性格淋漓盡致的表露，他們把自己的名片在很大程度上當成了宣傳單在使用。這一類型的人大多有勃勃的野心。他們擅長隱藏自己的真實想法，在言行舉止上特別小心謹慎。

有的人在名片上不印任何頭銜。這一類型的人大多個性較強，他們討厭一切虛偽、虛假、不切實際的東西。他們並不太看重自己的身分和地位，也很少考慮他人對自己的看法，他們只喜歡按照自己的意願去做事，而不願被他人支配和調遣。與此同時，他們也很少對別人指手畫腳，發號施令。他們的創新能力特別突出，非常人所能及。

有的人在名片上附加自己家庭電話。這樣的人大多具有較強的責任感，否則他不會把自己家裡的電話印在名片上，這樣如果他不在辦公室，對方一定會找到家裡來把事情解決。

有的人喜歡在名片上加亮膜，使名片具有光滑效果。他們在外表上看起來多顯得熱情、真誠和豪爽，與人相交十分親切和善，但這可能只是他們交往中慣用的一種敷衍手段。他們較愛慕虛榮，過於注重表面的東西。

有的人喜歡在名片上印有綽號和別名。這樣的人叛逆心理大多比較強，做事常無法與其他人合拍。他們為人處世一般是比較小心謹慎的，但有些神經質。他們常常疑神疑鬼，對周圍發生的一切都特別敏感。

有的人同時持有兩種完全不同的名片。他們除了本職所從事的工作以外，大多都兼有別的職業。他們的精力往往是相當充沛的，同時也具備一定的能力和實力，可以同時應付幾件事情。他們的思維開闊，常會有些深謀遠慮的策略和想法。他們的興趣比較廣泛，所以懂得很多別人不懂的東西。創造能力比較強，常常會做出一些你意想不到的舉動。

有的人經常以「名片用完了」之類的話來表示歉意。這樣的人，大多對生活和事業缺乏長遠的規劃和部署，為人處世缺少必要的沉著和冷靜，顯得輕率和膚淺。他們不善於處理各種各樣的複雜人際關係，常常給人不安全的感覺。

還有的人經常若無其事地掏出一大堆別人的名片，這樣做的目的是誇耀自己，希望他人能夠對自己另眼相看。過於以自我為中心，不過他們較強的社交能力可以在一定程度上彌補這方面的不足，因此他們也比較容易成功。

人心是能夠被「閱讀」的

一張小小的名片，可以說明很多的問題。只要注意觀察，就可以透過這張小小的名片，推斷出他人的性格。

在人前講電話的人常以自我為中心

電話，已經成為當今社會人們必備的用品。如果說，某個人一天沒帶手機，桌子上也沒有固定電話，那這一天他都將心神不寧地度過。因此，透過每天都與我們的生活息息相關的電話，也可以判斷出一個人的性格。

比如，有的人喜歡在人前就拿出手機與其他人通話。這樣的人，經常以自我為中心，性格比較自私，不會顧慮到可能給其他的人帶來麻煩或干擾，凡事會以自己的想法和希望為優先。因此，很難指望和這種人能穩定地交往。不過，如果受到了什麼刺激，他會把全副注意力轉移過去，搞不好會完全忘記了對方

人心是能夠被「閱讀」的

的存在。他並不是自以為是，反而是過於謙虛而認真。但容易遭到對方誤解，對他而言處理人際關係會非常辛苦。

也有一些人，不僅在人前講電話，還很大聲。這樣的人也是經常以自我為中心，而且自我表現力極強，這種人即使沒有特別理由也要誇大自己的存在。他們反應較遲鈍，沒意識到自己已經侵入別人的心理領域。和他人交談時只顧講自己的事，完全不聽他人說話。這是因為他們把周圍的人都當成「跟自己一樣的人」，所以會把不認識的人當做不存在，對於事物也會視而不見，很有可能會毫不在乎地做出一些殘酷的事。

還有一些人，總愛在別人面前確認有無來電。對他人最失禮的事，莫過於「心不在焉」，心思神遊到別的事情上面去了。而這類人恰好是常常不在意對方，以自我為中心的。此外，這種人對於得在他人面前說話這件事，覺得很辛苦，心想著「早點結束對話吧」，還會不時拿出手機確認有無來電。如果能改變無法清楚表達自己想法的弱點，就能變成個性很溫和的人了。

另外，從接電話的動作和方式等，也可以看出一個人的性格。

比如，看他們接電話的速度來判斷這個人的性格特點。如果電話響起時，有些人即使忙於某件工作，也會放下手上的事接起電話，這種人是會遵守規則的人，屬於上司指示與公司規定都會乖乖聽從的優等生類型。有表裡一致的性格，對於外界的刺激會很敏銳，如果遇到預料之外的事情就會緊張得不知所措。

而有些人電話響了好一陣子，也一副無所謂的樣子，所以他們是不慌不忙，總是很悠閒自在，凡事都盡可能按照自己的意思去做的人。就算改換指示或規則，仍是會以自己的標準去做衡量判斷，然後再做些改變。他們個性鬆散，有可能是個麻煩的製造者，而且他們較不善於與人交際，所以也很不喜歡接電話。

還有一些人，除了自己的電話之外，就算是在自己身邊的電話響起，他們也絕對不會去接。他們就是抱著「別人是別人，我是我」這種想法，沒有協調性，所以不適合做團隊的工作，而且這種人會反抗上司、破壞規則。

有的人在接電話時邊記要點邊說。他們會事先準備好便條紙，所以他們是思考很周到的人。他們對於自己的工作有很嚴謹的規範，會注意到小細節，絕不會敷衍了事，是很善於把工作做好的人。不過，當遇到突發的情況，他們會有點無法適應。有的人是講電話講到一半才開始找便條紙，這樣的人是做到哪想到哪的人，是做事沒有計劃，但很懂得隨機應變的行動派。他們情緒轉變很快，會有點草率，給人不夠沉著穩重的感覺。

有的人在接到電話後，會邊說話邊寫下無意義的話與圖。這是講電話時不用心，不管說什麼都無所謂的最佳證據，處在閒得無聊的狀態。所以，這樣的人是做事不用心的。如果他們在講電話時總是不知道手該放哪裡，那是正對某個狀況或某個人感到慌張、擔心與不安，為了緩解這種壓力而做出的反應。還有人喜歡邊講電話邊用手指敲桌子，這也是同樣的情況，這種人也可能會有突然大發雷霆的情況。

還有的人會邊講電話邊做出某些身體動作。這樣的人，做什麼事都是比較帶感情的。因為他們在說話時都帶著感情，因此會無意識地做出一些動作來，這個稱之為自己的同調行動。他們的感情通常都是很強烈的，而且他們不會說謊，個性積極又正直。

所以，透過接聽電話的動作和方式，以及講電話過程中的動作等，都可以判斷這是一個怎樣的人。

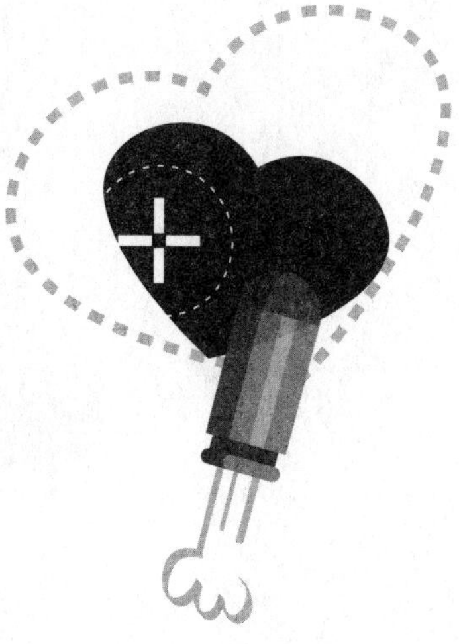

透過用打火機的方式，推斷出人的性格

在日常生活中，吸菸時一般人都會用打火機。透過用打火機的方式，也可以推斷出一個人的性格。

比如，有的人已經點完菸了，可是還繼續把玩打火機的開關。這是一種內心急躁的表現。他們的內心經常充滿焦慮，表現出來，就是容易情緒緊張，還給人一種元氣耗散的印象。他們很容易著急，做事不順利時，就會坐不住了，總是想著這件事。因此，一般都是他們第一個開始抽菸，這樣做可以讓情緒得到適當的發洩。但是在吸菸的過程中，他們內心的急躁可能無法得到完全的排解，於是他們會玩手中的打火機，以此來掩蓋情緒的緊張與內心的急躁。因為輕輕地玩打火機的開關，總比讓臉部不斷抽搐好。他們做事比較缺乏耐心，也

沒有恆心和毅力，一旦遇到挫折，情緒就會出現較大的波動，並且容易放棄。不過，他們也比較容易開心，遇到好玩的事就會笑出來，比較隨和，容易相處。

有的人在使用打火機時喜歡點大火。這樣的人，喜歡戴高價位的珠寶、開大型豪華汽車，花錢方式好像沒有明天。他們有時甚至會在信用額度用完後，拿著首飾上當鋪。當然，他們是不在乎的。而且，他們比較大方，會因慷慨大方而受人喜愛，通常也因此無往不利。和他們相反，有人喜歡打小火。這樣的人，比較節省，對自己要求非常嚴格，也有很強的自制能力。

有的人喜歡用隨用隨丟式的打火機。這種人喜歡使用燃料用完就可以丟棄的瓦斯打火機，他們的生命中經常充滿了千奇百怪的變化。而他們的人際關係得以持久的少之又少，因為他們討厭需要時時留意照顧某人或某事。隨用隨丟式打火機容易操作，既方便又實用，所以他們也是喜歡簡單的人，做事也會大咧咧。

有的人喜歡用銀製或金製打火機。他們的個性和使用隨用隨丟式打火機的

人心是能夠被「閱讀」的

人恰恰相反，丟東西或拋棄某人對他們而言實在是件難事，甚至使用期限已過了很久，他們還是捨不得丟掉。雖然他們喜歡沉浸在古董和有價值的藝術品中，但心中大部分的愛卻保留給散置在身旁的小飾品。而且，喜歡穩定，會堅持留在某一個地方，在那裡扎下穩固的根，對朋友和同事都有著特別深厚的感情。

有的人喜歡用電子打火機。這種人為人深思熟慮、做事有效率。他們堅持花最少力氣完成別人交代的工作。

常做高危險活動的人喜歡驚險刺激

在一些好萊塢大片中，總會帶給我們刺激驚險的感覺，男主角所從事的高危險活動更是讓人心馳神往。在現實生活中，也有一些人，喜歡做高危險活動，這樣的人的性格中，有喜歡驚險刺激的因數。

比如，那些從事高危險活動的人們，沒有一個是畏縮、猶豫的鼠輩，都是一旦作出決定，便敢做敢當的男子漢。這是一群特別堅定的人，他們很少左顧右盼，為別人意見所左右，他們說到就會做到，而且斬釘截鐵，話一出口便擲地有聲。他們喜歡驚險刺激，因為是高危險活動，唯有真實才更加刺激。每次工作時，他們也在享受工作帶來的刺激。既然選擇了這個職業，他們是不會無緣無故地放棄，目標選定，剩下的就是考慮如何達到目標，箭在弦上不得不發。

堅定不移是他們的人生信念，甚至滲入他們的血液。

常做高危險活動的人，也是有力量的。他們在面對危險時，無所畏懼，執著堅定，不完成任務便不下戰場。他們每天的生活不是電影，但從來不缺少驚險刺激，比電影來得實在，可觸可感。而且，他們高空作業時底下沒有觀眾，但是他們絕不比螢幕上的男主角遜色，因為他們不是在表演，稍有不慎就會粉身碎骨。越是危險，他們越能迎頭趕上，一旦作出決定便不再改變，始終如一堅持自己的決定，這也是喜歡做高危險活動的人的共同性格特徵。

喜歡寫作的人思考能力強

在日常生活中，人們都喜歡寫點東西來記錄自己的生活，或者寫下對生活的感悟。其實，凡是喜歡寫作的人大都比較敏感纖細，對外界的反應比別人更靈敏，日常生活中和為人處世就顯得比較小心和謹慎。而且，他們的思考能力也比較強。喜歡寫作的人，思考能力強。因為他們善於理清自己的思路，能全面把握問題，統籌兼顧。他們能想人所未想，見人所未見，眾多的陷阱被他們小心翼翼地避過，進而圓滿的完成任務。

他們一旦行動，就會處處設防，努力避免他們事先預想的不利因素，即使很多不利因素發生的機率很小，他們也絕不忽略，所以就會顯得比別人小心謹慎得多。他們比別人想得遠，看問題比別人站得高，做起事來能照顧到事情的方方面面。他們還有敏銳的觸覺，總是預先感受到事情的變化，即使變化不太明顯他們也會緊抓不放，權衡利弊得失，預測成敗。所以，喜歡寫作的人能夠用自己較強的思考能力，高瞻遠矚，運籌帷幄，把問題分析得條分縷析，做起事來就會有條不紊步步為營。

另外，喜歡寫作的人，也善於感懷抒情，發表獨到見解。日常生活中點點滴滴都能在他們心中留下痕跡，稍微大點兒的刺激，就能在他們心中掀起波瀾。雖然他們臉上不流露，但內心卻早已權衡再三，以免陷入被動。並且因為感情纖細更容易受到傷害，所以為人處世非常小心，有時會給人一種神經質的感覺。

喜歡寫作的人，具有較強的思考能力和敏銳的感受力。與他們相似，有人喜歡畫畫，特別是抽象畫。這樣的人，也非常敏感而且自我意識強烈。

在抽象畫中，天可以是藍色的，同時也可以是灰色的，因為畫家所表現的並不是現實中的天，他主要透過藍色或者灰色來表達自己潛在的意識，就像抽象畫裡團狀的雲只不過是畫家強烈自我意識的象徵罷了。所以，抽象畫是畫家自我意識的象徵。而這些人之所以喜歡抽象畫，是因為他們喜歡用自己的理解解讀作品，拒絕強加的理念，他們如同作抽象畫的畫家一樣，賦予抽象畫獨特的理解，因此是獨立意識的表現。而且，喜歡抽象畫藝術的人們，對我們所處的這個現代社會都有著自己獨特的理解，這種獨特的理解透過作畫或在賞畫的過程中就表現為強烈的自我意識。這也是身處現代社會的現代人的特徵之一。這些有著強烈自我意識的人，在日常生活中表現為我行我素，不太在乎別人對自己的看法，面對別人的評價，往往以置之不理的態度泰然處之。

他們確實是有較強獨立意識、並且是個性十足的一群人。不過，他們說話辦事以自己為中心，不管幹什麼首先為自己著想，大多數人喜歡的東西，他們也許嗤之以鼻，有著自己的選擇和判斷，有時候還會表現得怪異、另類，以與眾不同為樂事，以個性彰顯獨立於世。因此，很多時候，會招來別人的厭惡。

所以，喜歡寫作的人，思考能力強。而喜歡抽象畫的人，多是有著較強自我意識的現代人。

床能反映出床主人的特性

人的一生有三分之一的時間都是在床上度過，在床上睡覺、做夢或者休息，因此床是與人們分享最親密的想法和經驗的地方。由於一張床要能夠實現上述的目的，所以這張床必定是安全和舒適的，它能夠反映出床主人的特性。

比如，有的人喜歡睡特大號的床。一般人認為，床只要夠睡就行了，不用太大。床太大了，只會多占一些空間。但是，有的人卻非常喜歡特大號的床，這是由於他需要有自己的獨立空間，而且這空間要很大很大。

他需要玩耍的空間，需要逃避的空間。他不計代價避開被囚禁的感覺，為的是維持自己對自由和獨立的那份渴望。勞累了一天，忙碌了一天，他希望回到家後，能窩在自己的特大號床上，想做什麼做什麼，獨立而自由。

如果不是自己一個人住，那麼特大號床還表示只要他想和他的同伴保持距離，在這特大號床上隨時都可以做到。因為他們在內心深處渴望這獨立和自由，所以平時也不喜歡和人走得很近。不要看他們平時性格好像很隨和的樣子，其實內心還是很希望獨處的。

而有的人就喜歡單人床。睡單人床說明從小到大的教育方式對他的道德觀影響深遠，而且他對自己的社交關係限制得也十分嚴格，是一個保守主義者。

有的人則喜歡四分之三的床。這樣的床，比單人床大一點兒，但比雙人床小一點兒。只要和某人同床共枕，他喜歡和對方很親近、很溫暖地躺在一起。他可能沒有伴侶，不過這段時間不會太長。

有的人喜歡折疊床。這樣的人可能還沒意識到，但他們對已經壓抑多年的性欲，有著一種深切的罪惡感。他們能夠放縱自己，然後再否認自己曾有過的那番經歷。每當他們把床折成椅子形狀時，他們所關心的只剩下事業，他們把自己的感情和床墊一塊兒隱藏起來。這樣的行為，可能會令那些剛和他們共度良宵的異性恐懼不已。

有的人喜歡圓床。這樣的人，不曉得哪一頭是床頭，其實他們也不在乎，因為這樣生活才更有意思。既定的規則無法限制他們，他們喜歡把自己的床當做整個宇宙來想像。

有的人喜歡銅床。對這樣的人來說，床就是他們的城堡，四周都有精巧的金屬架，四角有四根尖尖的柱子。他們覺得自己十分容易受傷，甚至在睡覺時，也需要保護，才不會受到他人的攻擊。企圖卸下這種防禦心的人，會因為無法攻破周身這道堅實的堡壘而倍感挫折。

有的人喜歡自動調整床。只要輕輕按一下按鈕，就可以抬高或放低頭和腳，而且可以調整出上千種位置。他們是個完美主義者，無論花多少成本，費多少心力，都會追求一種完美的境界。他們為人嚴苛，難以取悅，刻意塑造環境迎合自己的需求和想法，而且會堅持到底，別無選擇。他們不去順應他人，但別人必須適應他。

有的人喜歡讓自己睡在地板上，只鋪日式墊子。這種來自東方半斯巴達式的地板墊子，有股自律的味道。它們就像地板一樣硬邦邦的，而這點正合人意，因為他們從來沒有打算讓自己舒適自在的生活。

另外，有的人每天早晨起床後會整理床鋪。這樣的人，是愛整潔、擅長於打扮自己的。不過，如果他們每天早上都一定要把床鋪打理得漂漂亮亮、整整齊齊，那就是有潔癖。他們會把浴室的每一條毛巾都疊得整整齊齊，家中每一個角落都打掃得一塵不染，而且沙發上還蓋了一層塑膠套子。別人到家裡來，根本無法放鬆自己心情，因為他們無時無刻不在找尋掉落的塵屑。

有的人每天早晨不整理床鋪。這樣的人，自以為對人生的態度是如何的超然，其實，這一切反映在現實的生活裡，不過表現出他們是一個既懶惰又無紀律的人罷了。

在生活中，床是對於每個人都非常親密的伴侶，它陪我們度過了人生三分之一的時間。因此，透過觀察人們喜歡什麼樣的床，也可以看出他們的性格。

常以睡覺來放鬆的人往往自以為是

在日常生活中，有很多人喜歡睡覺。還有許多人，喜歡透過睡覺來放鬆自己，他們不管天昏地暗，呼呼大睡一覺後醒來，神清氣爽覺得渾身有勁的人。這樣的人，看起來似乎總是充滿活力，其實也是有很多固有的缺點。

比如，喜歡用睡覺來放鬆的人，往往自以為是。他們總覺得自己的想法是好的，聽不進別人的意見，只想讓別人接受自己的觀點。有時候甚至到了固執的程度，喜歡一條胡同走到底，不知道拐彎。

他們辦起事來總是一根筋，不大管人情世故。同時，還有一種盲目的自我崇拜心理，以為自己處處都比別人高明，不自覺地把自己淩駕於他人之上。即使別人的意見是對的，他們也會過分的自信，堅持己見，旁人一個也看不上，總以為自己高高在上，傲視所有人。很多時候得罪了別人都不知道，也不在乎。

喜歡用睡覺放鬆的人不能用理智來評價自身，也就不能客觀公正地去評價別人，進而贏得別人的理解和信任，所以很少有人會信賴他們。也由於總是把自己的觀點強加於人，因此容易造成別人的心理反感，進而使交往在無形中產生一種「心理對抗」。所以別人也不喜歡聽他們的，即便他們是有道理的。固執己見就難免與人發生爭執，進而影響與人的思想交流和融洽相處。他們的自以為是，導致他們無法與人正常溝通，還會讓自己處於孤立無援、舉目無友的境地。而此時，他們也會懷疑自己的能力，進而動搖甚至喪失自信，產生更壞的結果。所以，這樣的人，往往是在失敗後才找原因。

還有，喜歡用睡覺放鬆的人，獨斷專橫。如果他們是一家之主，那麼家裡所有的人都得聽他的，家裡大小一切事務都得按照他的意思去做，家庭每一位成員的命運都掌握在他一個人手中，任你是誰，無論怎樣百般勸說，他們該怎樣怎樣，穩如泰山，實在不耐煩了，乾脆往床上一躺睡覺，對你不再理會，弄

人心是能夠被「閱讀」的

得你沒有絲毫辦法。所以，你曉之以理，動之以情，甚至以斷絕關係相要脅，他也無動於衷。

當然，或許不是每一個喜歡用睡覺來放鬆的人都這麼嚴重，但一般來說，喜歡用睡覺來放鬆的人，往往是自以為是的。並且他們的固執和獨斷專橫，也會給他們帶來孤立無援的人際關係。

Chapter 4

生活細節中的個性痕跡

發訊息多使用表情符號的人小心翼翼

現代的年輕人，可以不打電話，但是不可能不發訊息。訊息已經成為我們表達自己真實的思想感情最貼切的工具。那麼，在發訊息時，你使用過表情符號嗎？這時，女性朋友的答案一般是肯定的，至少你不會一次都沒有使用過。而男性，可能不會經常使用表情符號，但是當收到女性發來的含有表情符號的訊息後，很多男性會在回覆時加入表情符號。這是男性很有趣的一種心理。

這是為什麼呢？一般男性會認為，對方給自己的訊息裡有表情符號，自己要是都用國字，會顯得自己很無趣。於是，他就會選擇順著對方的方式。他們能夠這樣在乎對方的反應，說明使用表情符號的男性小心翼翼。這在女性中也同樣適用。因此，在習以為常的訊息交流中，在看似平淡無奇的訊息內容裡，卻隱藏著讀取對方性格和心理的密碼。

還有的年長上司愛用流行語或網路用語，或者常常講笑話，以此博得周圍人一笑。他們故意讓自己顯得有趣。這也說明了他們的小心翼翼，因為他們對自己考慮的事或想說的話沒自信，所以試圖在迎合他人的過程中獲得肯定。

在我們日常生活中，除了發訊息，電子郵件也是一種非常便利的交流工具。透過發訊息，我們可以判斷一個人的性格，而與之相反，電子郵件會呈現出「電子郵件人格」，即透過電子郵件內容瞭解到的發信人的性格與真實際性格不一致的現象。比如，有些人的電子郵件寫得很誠懇，感覺上是個誠實的人，但實際接觸以後才發現，那是個非常狡詐的人。或者，某人寫的電子郵件看起來冷冰冰的，感覺還很容易發怒，可是實際上那個人的性格卻很溫厚。

這是由於，在普通的交往中，我們會根據對方態度的變化控制自己的言行，即所謂的「察言觀色」。然而，透過電子郵件交流卻無法觀其色、聞其聲。寫郵件時，完全是自己一個人在說話，而且還會出現一種興奮狀態，感情和情緒

人心是能夠被「閱讀」的

等有時甚至容易失控。這樣寫出來的郵件，肯定容易被對方誤解。此外，我們在說話的時候，會根據對方傳遞來的眼神、服裝、動作等各種各樣的資訊來分析其狀態、判斷其性格。然而，在讀電子郵件時，根本看不到對方的樣子，只能根據郵件的內容來想像對方的狀態和性格，這樣當然容易產生誤解。因此，當我們透過郵件判斷一個人的性格和心理時，一定要慎重。

也正因為如此，我們在發訊息或者發郵件時，才會選擇使用最能表達我們心理活動的表情符號，小心翼翼地表達自己的想法，以免別人誤解。反過來講，使用表情符合的人也就是小心翼翼的人。

硬要移出大車位停車的人個性保守

身處鬧區中，「移車」是一道常見的風景。為了避免被開罰單，大家都是見到一個小洞就往裡塞。但是有的人，連個小洞都沒有，卻費勁地把停車格裡的車東挪西移，非要移出一個大車位才會停車。

這樣的人，通常是比較有想法的。他們很主觀，不顧別人的感受。所以他們為了給自己騰出一個大車位，可以把別人的車移開。不過他們也不會占別人的便宜，保守而有潔癖。他們不願意自己的車和別人的車擠在一起，因此寧願費力地把別人的車東挪西移，也要給自己的車一個舒適的位置和空間。他們對車尚且如此，在與人的交往中尤甚。所以，他們不願意和別人有過多的來往，喜歡生活在自己的世界裡，封閉而保守。如果你遇到這樣的人，可以先稱讚他

人心是能夠被「閱讀」的

們的車，這樣你們就會有話題聊。不過，儘量不要與他們有肢體接觸，否則很可能會引起他們的反感。

硬要移出大車位停車，是對自己的車的愛惜。大家總是很愛惜自己的物品，我們可以透過觀察他們對自己隨身物品的愛惜，瞭解他們的個性。

有的人，即使在和他人進行正式洽談，也會儘量把提包放在自己的視線範圍之內，或者有意無意地觸摸它。甚至坐下了，也會直接把提包放在自己的腿上或腳上，而不是放在另一個座位上或者地上、桌子上。這樣的人通常有較大的不安全感，不太信任別人，什麼事都要自己做。而且，他們在工作上要求很高，希望做到完美，責任感很強。不喜歡受到幫助，一旦受到幫助後會儘快想辦法回報。因此，和這樣的人接觸，不要直接上前介紹自己，這樣會讓他們有威脅感。

還有的人，不管是站著、坐著還是走著，都會無意識地查看自己的衣著，或是低頭看看身上其他地方有沒有髒汙，即使是和人談話中，也會動不動就查看自己的衣著。這種類型的人，非常注重自己在他人心中的形象，容易緊張。他們通常略帶自卑，或者口齒也不是很流利，比較安靜。不管認不認識對方，都希望給對方留下好印象。他們喜歡傾聽，卻很少回饋。

有的人很喜歡讀書，並且喜歡把書拿在手上，而且用雙手將書放在胸前，哪怕手上有提包或者其他容器可以盛放書籍。有的時候，他們會將書籍包上書套。這樣的人，自我保護意識很強，比較固執，還有點神經質。喜歡和人唱反調，很倔強卻又很悲觀。和這樣的人交往，不要採取強硬的態度，讓他們掌握聽與不聽的主動權，進而可以消除他們「被強迫」的感覺。

按規定速度開車的人認真可靠

在開車的過程中，一個人控制汽車的方式，和控制自己的方式有許多相似之處。如果把車子視為一個人肢體的延伸，那麼開車的方法，也就是肢體語言的機械化身。因此，觀察一個人開車的行為和方式，可以讀懂他每天的心情與態度。

比如，有的人一直按規定速度開車。對這樣的人而言，開車只不過是帶他要去的地方，而不是一種快樂或刺激的經驗。他守法，盡自己應盡的義務，絕不少報所得稅，通常以平穩、容易掌握的速度開車。他做任何事情都是中庸的態度，即使有很大的把握，也不會驟然冒險。這樣的人可靠、不馬虎，很適合在政府機關上班。

有的人，行車速度比規定速度慢。這樣的人，坐在方向盤後面會令他覺得害怕，覺得自己無法操縱一切。他總是避免把東西放在自己手裡，只要有人授權給他，他立刻把許可權縮至最小。

有的人超速行駛。這樣的人，不會受制於任何人，很積極向上，而且憎恨權勢。他不允許別人為自己設限，如果有人企圖這麼做，他會找出極端而且可能很危險的方法，來維護自己的獨立自主。他的父母和老師很有可能都十分嚴格，而這是他發洩心中怒氣的唯一方法。

有人喜歡大聲按喇叭。在現實生活中，這樣的人喜歡尖叫、大喊、發脾氣；在馬路上，他則使勁按喇叭。他對挫折的應變能力很差，經常覺得受到別人的威脅。他通常以一連串的高聲謾罵來表達心中的焦慮和不安，發怒的程度完全和刺激自己生氣的原因不合。他做事無效率、無能力，即使哪兒也沒去，卻總是顯得匆匆忙忙。

有的人不喜歡換擋。這樣的人希望所有事情都被安排得好好的。他比較喜

人心是能夠被「閱讀」的

歡尋找屬於自己的生活方式，即使有時候這麼做，遇到的困難比較多，他也很少向別人請教。沒有人告訴他該往何處去，可能常常是他告訴別人該怎麼做。這樣的人是實踐家、行動主義者，憑直覺行事而且喜歡把事情攬在身上。

有的人綠燈一亮，搶先往前衝。這樣的人，凡事比別人搶先一步是他生存的方式。他喜歡勝利的感覺，因為他不願被烙上失敗者的印記。他已經學會積極有競爭力，才能夠成功。只要有一條線，他總是第一個站線上的人。他不是向前看而是向後看，看別人離自己還有多遠。

按規定速度開車的人，是認真而可靠的。所以，透過觀察一個人開車的行為和習慣，可以讀懂這個人的性格和心理。

從習慣聊天的場合看出對方性格

環境可以影響人，什麼樣的人也會選擇什麼樣的環境。因此，從一個人習慣聊天的場合，可以看出他們的性格。

比如，有的人喜歡在咖啡廳或者茶館裡談話。這樣的人一般都比較謹慎，辦事很小心，不喜歡露出真面目，也不希望別人看出自己的內心想法。因此，他們會選擇在人比較多、沒人注意的咖啡廳或茶館裡談話，這樣會讓他們有被掩護的感覺。你如果和這樣的人交往，最好讓他們先開口，因為他們不喜歡自己的想法被猜到。

另外，如果有人選擇和你在咖啡廳見面，也說明這個人的個性較為節儉、務實，他不願意或者是沒有能力為了追求美食或者形象而花很多錢。他約你在

咖啡廳見面，只是純粹想和你聊天，而不是想向你展示他的財富或者地位。如果是商人請客戶到咖啡廳吃飯，說明兩個人的關係非常好，雙方都無需自我炫耀。

喜歡在飯店大廳談話的人，大都是膽量大、有智慧的人。他們通常有較高的社會地位，也具有領導的能力或企圖。因此，和他們溝通千萬不能用威脅性的語氣，否則對方會拒絕和你交談。

也有人喜歡在俱樂部或者酒家談話。這樣的人大多是沽名釣譽的人。因此，當你和這樣的人打交道時，多稱讚他們的做事方式或決策就可以了，他們會很開心地與你有進一步交流。如果對方約你在酒吧談話，你可以推出酒精飲品對他而言是社交的潤滑劑。

有人喜歡在戶外談話。他們喜歡在公園、露天餐廳等戶外環境談話，說明他們的心胸較為開闊，也很容易接受新事物，不喜歡固定的模式。有人喜歡在辦公室裡談事情。這樣的談話通常代表他們有誠意，對工作也很有信心，他們對你是很認真和重視的。所以你和這樣的人交往，也應該專業一些，讓他們明白你也很用心。

從一個習慣在什麼場合談話，以及在這個場合談話的頻率和時間，可以判斷出他是一個怎樣的人。

由筆跡觀察人的內心世界

筆跡作為人們傳達思想感情，進行思維溝通的一種手段和方式，也是人體資訊的一種載體，是大腦中潛意識的自然流露。不同心境寫出的字，筆跡也不一致。但在長時期內，字體的主要特徵，如運筆方式、習慣動作、字體開合等是不變的。只是近期的字更能反映出最近的思想、感情、情緒變化、心理特點等。筆跡分析的方法很多，由筆跡觀察人的內心世界，可以從三個方面來觀察，即筆壓、字體大小、字形這三個要點來研究分析這個問題。

比如，筆跡特徵為字體較大，筆壓無力，字形彎曲，不受格線限制，具有個性風格，容易變成草書；有向右上揚的傾向，有時也會向右下降，字體稍潦草。這樣的人，和藹可親，容易與人相處，善於社交活動。他們體貼、親切的性格，使他們能夠很快和別人打成一片。這種類型的人，氣質方面具有強烈的躁鬱質傾向。另外，他們待人熱情，興趣廣泛，思維開闊，做事有大刀闊斧之風，但也有不拘小節、缺乏耐心、不夠精益求精等不足。

有的人筆跡特徵為字形方正，一筆一畫型，筆壓有力，筆劃分明，字字獨立，字的大小與間隔不整齊，具有自己的風格，但筆跡並不潦草。字的大小雖有不同，但一般而言，顯得較小。這類人不善於交際，屬理智型。他們處事認真，但稍欠熱情；對於有關自己的事很敏感、害羞，對別人卻不甚關心，反應較遲鈍；氣質方面具有分裂傾向。一般情況下，他們都有較強的邏輯思維能力，性格篤實，思考問題周全，辦事認真謹慎，責任心強，但容易循規蹈矩。書寫結構鬆散者形象思維能力較強，思維有廣度；為人熱情大方，心直口快，心胸寬闊，不斤斤計較，並能寬容別人的過失，但往往不拘小節。

有的人筆跡特徵為字形方正，一筆一畫，但與上述類型不同，為有規則的平凡型，無自己的風格，字跡獨立工整，字形一貫，筆壓很有力。這類人凡事拘泥慎重；做事一板一眼、中規中矩，但行動有些緩慢；意志堅強，熱衷事務；說話嘮嘮叨叨，不懂幽默，不識風趣，有時會激動而採取強烈行動。他們精力比較旺盛，為人有主見，個性剛強，做事果斷有毅力，有開拓和創新能力，但主觀性強，固執。書寫筆壓輕者缺乏自信、意志薄弱，有依賴性，遇到困難容易退縮；筆壓輕重不一，則想像思維能力較強，但情緒不穩定，做事猶豫不決。

有的人筆跡特徵為字形方正，稍小，有獨特風格，尤以萎縮或扁平字形為多。字跡大多各自獨立，無草書，筆壓強勁；字的角度不固定，但字體並不潦草。這類人氣量較小，凡事都缺乏自信、不果斷，極度介意別人的言語與態度。簡而言之，屬於神經質性格的人。他們還有掌握和控制事務全域的能力，能統籌安排；為人和善、謙虛，能注意傾聽他人意見，體察他人長處；右邊空白大者，憑直覺辦事，不喜歡推理，性格比較固執，做事易走極端。

有的人筆跡特徵為每次書寫字體大小與空間大小無關，字形稍圓彎曲，有時呈直線形，有時字形具有自己的風格，有時則工整而有規則；大小、形狀、角度、筆壓均不固定，潦草為其顯著特徵。這類人虛榮心強，極重視外表，經常希望以自己的話題為中心，因此話很多；不能諒解對方立場，缺乏同情心與合作精神；由於以自我為中心，因此容易受煽動，亦容易受影響。另外，這類人看問題非常現實，有消極心理，遇到問題看陰暗面、消極面太多，容易悲觀失望。字行忽高忽低，情緒不穩定，常常隨著生活中的高興事或煩惱事而興奮或悲傷，心理調控能力較差。

漢字的發明是一個奇蹟，而漢字的筆跡與書寫者的個性之間更有著神奇的聯繫。這也可以從不同的的角度去認識。

比如，從運筆走勢上看。運筆有力，筆力渾厚，說明書寫人性格剛強，氣魄宏大，並有強烈的支配別人意願，但這種人往往過於自信或容易自滿；運筆協調流利，輕重得當，說明書寫人善於思索，愛動腦筋，有較強的理解分析能力，善於隨機應變；如果運筆輕浮，說明書寫人缺乏魄力和毅力，在生活中常常不能如願以償。

人心是能夠被「閱讀」的

從書寫是否流利上看，如全篇文字連筆甚多，速度極快，說明書寫人充滿活力，待人熱心，富有感情，並且動作迅速，容易感情衝動；如全篇文字工筆慢寫，筆速緩慢，說明書寫人性情和藹，富於耐心，善於思考，辦事講究準確性和條理性，不善談吐，但往往有巧於應機發言的才能。

從字形架構上看，字體簡潔明瞭，沒有花樣和怪體，說明書寫人比較誠實，辦事認真細緻，心地善良，能關心他人。如果字體獨特，伴有花體和怪體，並夾雜許多異體字和非規範字，則說明書寫人有較豐富的想像力和幽默感，但愛吹毛求疵，自我表現欲強，這種人多半多愁善感，很在意外界對自己的看法。

從外觀輪廓上看，全篇字體大小適中，端正工整，說明書寫人平易近人，溫柔審慎，行動從容不迫，遇事較為持重。如字體很長，則說明書寫人活潑好動，有較強的主動性和自信心。字形很大，甚至不受紙上格線的約束，書寫人往往是辦事熱情、銳氣洋溢，並可能在許多方面有所擅長的人，但這種人缺乏精益求精的態度。字形很小，則說明書寫人精力集中，有良好的注意力和控制力，辦事周密謹慎，看待事物往往比較透徹。

從大小佈局上看，全篇文字鬆散而不淩亂，書寫人往往呈熱情大方，不拘小節的人，這種人喜歡直言不諱，善於交際並能與朋友相處，別人徵詢他的意見時能以誠相見，並能寬恕他人的過失。全篇字跡密集擁擠，書寫人通常沉默孤僻、謹小慎微，不善交際。

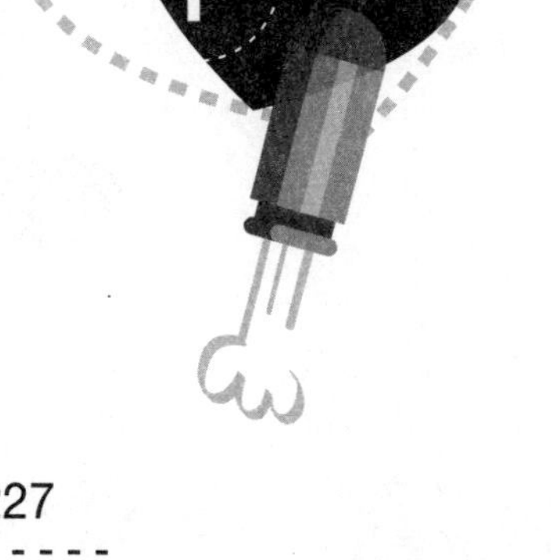

在網上發表惡意言論的人幼稚而脆弱

當我們流覽網上的留言板或者一些回覆時，會有一種很複雜的感覺。因為有太多的惡意言論充斥其間，甚至有滿是髒字的破口大罵。而且，網路上這種激烈的惡意言論還有增多的趨勢，比如，在擁有眾多用戶的網站上，除了一些骯髒的字眼，像一些攻擊性字眼也屢見不鮮。

這是因為我們生活在一個網路發達的時代。我們在網路上為自己取一個虛構的名字，就可以為自己塑造一個完全不同的形象，甚至偽裝成一個陌生人。這個人沒有人認識，也就不用顧忌會對自己產生什麼不良影響，所以不用考慮外界的因素和別人的感受，在網上肆意的信口開河，發表惡意言論。

其實這樣的人是幼稚而脆弱的。因為雖然他們僅僅是一時衝動口出惡言，但是被指名道姓的一方卻並不這樣認為，這樣很可能會給自己帶來嚴重的後果。所以，他們單純而幼稚。另外，他們心裡不平衡，不會找知心朋友或親人傾訴，而是選擇在網上發表惡意言論，證明他們內心很脆弱，不想把自己的問題公之於眾，於是就在網上找平衡。

與之相似的是，當人們聚在一起，尤其是男人們聚在一起，比較容易說些「有傷大雅」的粗話，尤其是涉及禁忌的詞彙，或者一些惡意言論，好像只有這樣才能體現出男子漢的氣魄和對時政獨到的見解。其實，這類男人是因為內心的欲求不滿而粗話連篇的。

我們可以肯定，喜歡口出穢言和發表惡意言論的人，是屬於某些方面欲求不滿類型的人物。他們在心理上是常常焦躁不安的，又沒有辦法去排除，所以長年累月累積起來，只要碰到偶發小事件，他們就借題大肆發揮。累積後的「爆炸」並不一定僅僅針對他不滿的對象而發動攻擊，一旦被他逮到機會，無論何時、何地、何人，他一樣照說不誤。有時候，即使說話的人不是有意的，但對聽話的人來說，卻在心裡結了個疙瘩。

這種因欲求不滿而產生的粗言惡語，說話的人並未考慮到會招致何種後果，只是一味地借機說出心中的不愉快。至於是否會傷害他人，一時便考慮不到了。可見，所謂粗話，只不過是為發洩內心不滿，一般並不具有特殊意義，同時又不對大家的身體造成實際上的傷害。所以，除了意欲給予對方致命的打擊，而事先在內心一再計畫好了的蓄意性言語外，對於別人的粗言惡語，最好充耳不聞。

從選擇座位的位置判斷對方的性格

當你去朋友家做客，或是外出與人到餐廳用餐，肯定避免不了選擇座位的問題。可能在一些人看來，選擇座位是一件非常簡單的事，但其實從一個人選擇座位的位置，也可以判斷出這個人的性格。

比如，喜歡坐在門口的位置的人，一般來說性格較為急躁，屬於心直口快的那種類型。他們總是想儘快把事情辦好，如果事情的發展沒有按照自己的計畫和速度進行就會急躁，並心直口快地說出自己的不滿和改進的方法。同時，此種人往往具有一副熱心腸，喜歡幫助、照顧他人。雖然他們說話好像不經大腦，有時候還會得罪別人，但是他們的內心卻是熱情和善良的，樂於照顧弱小的人。對他們來說，很多時候站著可能比端坐在位置上更為舒服，他們會力所能及地做自己職責範圍內的事，所以此類人永遠也閒不下來。

一個簡單地坐在門口的位置，就可以反映出一個人的性格，看似比較神奇，但是心理學家經過長期研究後證明，一個人如何選擇自己的座位，是與其性格緊密相連的。

其實，古代很多諸侯、將軍都非常善於選擇自己的座位，比如他們在參加各種宴會時，往往會選擇背向牆壁且離窗很近的位置。他們為什麼要選擇這個位置呢，因為此位置面向門口，可以隨時監視門口的一舉一動，一旦有刺客或是殺手來襲，他們便可以立即採取相關措施，更為重要的是，背向牆壁可以避免有人從後面襲擊自己，而選擇臨窗則方便自己在危急的時候破窗而走。

同理，現在很多公司，尤其是一些跨國大公司，或是一些公司的ＣＥＯ，都喜歡選擇高樓大廈的高層或是頂層背向大窗戶的位置作為辦公的地點，其實也是為了保護自己的商業安全和個人人身安全。這些座位的選擇，就反映了這些人小心謹慎的性格特徵。

由此，透過一個人喜好的位置，我們就可以大致斷定他的個性，具體來說還有幾種位置與性格的關係。

有的人喜歡牆角處的位置。一般來說，越是喜歡選擇靠近牆角裡面的人，其性格越為謹慎，也特別敏感，其生活態度也相當認真，凡事處處小心謹慎，因此有時會變得有點神經質。此外，此種人的權力欲望往往也非常強烈。

有的人喜歡中央的位置。通常情況下，此種類型的人具有較強的自我表現欲望，喜歡別人注視他，或是圍繞著他打轉。因此，與人交談時他們總喜歡以自我為中心，有時甚至還喜歡強迫別人聽他說話。不過，他對別人的事總是漠不關心。一旦有人向他提意見，或是不小心冒犯了他，往往會遭其猛烈的抨擊。

有的人喜歡面向牆壁的位置。此種類型的人往往具有孤標傲世、特立獨行的特點。他們不喜歡與人，尤其是與不熟悉的人發生任何瓜葛。在此類人心目中，與外界環境接觸過多，只會給自己徒增煩惱，因此他們喜歡埋頭於自己的世界中，經常忽視外部世界的存在。

還有的人喜歡背靠牆壁的位置。此種類型的人，非常謹慎同時也非常大膽，因此稱他們膽大心細可能更為合適些。在做事時，他們喜歡精益求精；與人交往時，他們會顯得熱情大方，積極主動，所以很受別人的歡迎。

從照相站的位置判斷對方的性格

在平時生活中，很多人喜歡照相。在節假日裡，和家人或者朋友相偕出遊，去一些風景優美的自然景觀，或者是具有歷史厚重感的人文景觀，然後拍照留念，的確是一種不錯的選擇。殊不知，從一個人照相站的位置，還可以判斷出一個人的性格。

比如，有的人照相時總是喜歡站在別人旁邊，這樣的人其實是沒有主見的，凡事不會自己做主。這樣的人喜歡依賴別人，希望別人幫他做決定，只要到自己決定的時候就覺得不知所措了，不僅下不了決定，也不想自己決定。他們喜歡和有主見的人在一起，這樣無論做什麼都會有人幫他們決定，比如買衣服，去哪裡玩，什麼都可以靠別人決定了。他們也不善和別人溝通，不太喜歡結交新朋友，喜歡和自己依靠的人在一起，這樣會讓他們有安全感。不能自己做主，說明還不夠理智；害怕自己做主，說明不夠自信。因此，照相喜歡站在別人旁邊的人，較沒有主見，也比較沒自信。

從一個人在團體合照或者獨照時，也能判斷出一個人的性格。一般情況下，團體合照可以判斷出人與人之間的關係，是好是壞，或者是不是像表現出來的那樣好或者壞。而獨照則能解讀這個人自身的狀況。而最容易判斷的根據是，視線與鏡頭的關係。

直視著相機鏡頭的人，是很自信的人。這樣的人性格外向，樂觀隨性，喜歡表現自己，希望別人看到自己的優點。他們的精神通常都很飽滿，好像不知道疲憊，也會給他人帶來精神。他們在拍照時通常會露出燦爛自信的微笑，旁人都能感受到他們拍照時的喜悅。

而閉著眼睛，或者在拍照時將自己的視線移到鏡頭以外的地方的人，對自己的外貌或者能力、性格不自信。他們通常比較消極，有點膽小，經常會懷疑自己的能力和性格。他們不喜歡熱鬧的風景，也不太喜歡拍照，當避免不了要拍照時，就會把自己的視線移開。

還有的人，考慮視線與鏡頭的關係，站在左邊或者右邊面對鏡頭，是想哪一邊更適合拍照。這樣的人，很在意別人的想法或意見，很介意別人怎麼看待自己。所以，他們在照相時總是先考慮怎樣站看起來效果好一些。

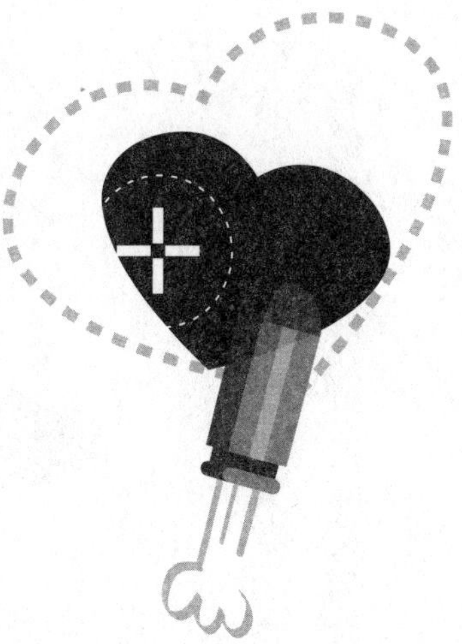

抽菸速度很快的人急功近利

抽菸有害健康，但還是有不少人依舊我行我素，正是如此，透過觀察一個人抽菸的特點，如抽菸的方式、怎樣熄滅菸等，我們可以大概知曉他的情緒特徵或性格特點。

比如，有的人抽菸的速度很快。他們好像和菸有仇一樣，只想迅速地把菸抽完。這樣的人，性格較為急躁，脾氣也較為火暴，容易發怒。在與人交往時，他的好惡、是非觀念非常清晰，絕不會因為私情偏袒和自己要好的朋友，也正因為如此，他深得朋友們的喜愛，人緣關係非常的不錯。不過，在做事時，他往往有急功近利的思想，總想用最短的時間，做最多的事，並取得最好的成績。他們這樣喜歡貪多求全，結果常常是顧此失彼。因此他如果是單純地從事某一件工作，往往能把它做得非常出色、漂亮，而同時著手幾件任務，就會每件都做不好了。當然，如果一個人偶爾出現快速、大口抽菸的情形，則說明其現在處於焦慮的情緒狀態之中。

有的人喜歡抽菸的時候吸一口菸，彈一下菸灰。這樣的抽菸者此時可能正處於心情凝重或是煩躁的階段，再或就是處於進退兩難的尷尬境地之中，不知道下一步該如何做。有時，此種姿勢也表明抽菸的人正處於緊張的思考階段。當然，有時候一些人也可能會故意擺出此種姿勢，以顯示自己的不凡，或是炫耀自己以吸引別人的目光，進而滿足自己的虛榮心。

有人喜歡在吸完菸後，把菸蒂整齊地排在菸灰缸上，圍成圓形。而且他們幾乎總是在抽到某個長度的時候熄滅。這類型的人通常做事謹慎仔細、一絲不苟，然而也常常缺乏創意，因為他們關於按照正統的、常規的方式思考，十分理性，因此也可以在任何時候，因為某種原因而戒菸。

有的人在抽菸時會經常忘了彈菸灰。這樣的人往往對自己缺乏信心，有較強的自卑感。在他看來，整個世界都是灰色的。有些時候，很多事情他明明努一下力就可以做到，但由於缺乏自信而放棄了，而看到別人輕易做成後，他又追悔莫及。與人交往時，他常常會顯得較為謙卑，有時甚至還有點卑躬屈膝。不過，他對人卻是非常真誠的，幾乎不會跟人玩什麼陰謀詭計。

在熄滅香菸時，不同的人也有不同的方式。比如，有人會輕輕敲打，熄滅自己的香菸。這類人十分注意自己在別人眼中的一言一行，做事時非常謹慎、小心，從不會莽撞行事。在與人交往時，對對方非常謙遜，顯得彬彬有禮。不過，有些時候由於他太過於謹慎，以至於有時不能完全將自己的意見傳達給對方，同時，在該「斷」的時候顯得猶豫不決，以至於錯過了一些好機會，致使局面變得更複雜。

有的人習慣於將菸蒂以按壓的方式將其熄滅。這往往是其發洩心中不滿或是某種欲望的表現。一般來說，這樣的人性格非常倔強，有時甚至有點偏激，遇事非常容易激動。這類人的體力較為充沛但無法恰當處理自己心中的各種欲望，故而常常處於焦慮、急躁的情緒狀態之中。不過，他們在做事時較為積極，很少出現半途而廢的情況，因此深得老闆的喜歡。

有的人經常用腳踩熄菸蒂。這類人較為好強，喜歡爭強好勝，具有一定的攻擊性，不會輕易認輸。他往往是能說會道，言語豐富，詞意尖銳，喜歡諷刺、打擊別人。正因為如此，他的人際關係不是很好。不過一旦他對某人產生好感，就會積極主動地向對方表明自己的意思，他的獨佔欲望非常強烈，經常干涉戀人的生活。

不同的人，有不同的抽菸方式和特點，透過他們在抽菸過程中的表現，也可以看出他們是怎樣的人。

透過拿菸的姿勢看出對方的性格

癮君子們拿菸姿勢都不一樣，透過不同的拿菸姿勢，也可以看出不同的人的性格。比如，有人在抽菸時，經常用指尖夾菸。這類人性格較為溫和、親切，攻擊欲望不是很強烈。因此，他們可以很快和別人熟識起來，並得到別人的好感。他們的心地也較為善良，做事總會為別人留下一定的餘地，也喜歡幫助別人。他們不太喜歡冒險，一般不會去做風險性較高的事情，習慣於過按部就班的生活。不過，他們對自己的信心也不是很足，很多時候總喜歡用悲觀的態度去看待一些事情，做什麼事都沒有動力，也會懷疑自己的能力，這往往使他們活得很累。他們的生活態度較為嚴格，做任何一件事情都會認真地對待，並且喜歡追求高效率、高品質。

有的人在抽菸時，喜歡將手夾在離菸頭位置很近的地方。這類人敏感細膩，注意細節，非常介意別人的看法和評價，因此會顯得有點內向。不過，他們也善於控制自己的情緒。如果自己不開心時，他們不會立刻表現在臉上和動作上，遇事能比較沉得住氣，屬於小心翼翼、對細微小事顧慮周全的慎重派。他們會壓抑自己的感情，充分思考後再採取行動。

有的人在抽菸時，喜歡將手夾在離菸嘴位置近的地方。這類人大多自我意識較強，喜歡引人注目，我行我素。他們通常是活潑大方、不拘小節的樂天派。坦率直爽，行動迅速而敏捷。討厭受周圍人束縛，會明確地表示自己的喜、怒、哀、樂。他們熱愛社交，又喜歡照顧人，因此很受歡迎。

有的人在抽菸時，習慣將手夾在菸中央位置。這類人適應能力很強，屬安全型人物，待人和善。他們大多不太會拒絕別人的請求，有時心裡雖不樂意，但不會表現出來。他們對人、對事都相當小心，不管做什麼事情都小心翼翼，不太提自己的意見。常會在別人行動後，經過確認後才開始行動，是慎重派的類型。他們也很在乎別人對自己行動的看法，很在意周遭人的視線。因此，他們不會隨意將自己的欲望和欲求表現於外。

有的人在抽菸時，喜歡將香菸叼在嘴角，菸頭微微向上。這類人通常對某項工作很有經驗，他們十分自信，無論前面有多少阻礙，都認為自己能夠超越，願意向困難挑戰，未來發展一片光明，極有可能成為新領導者。採取這種姿勢的人，在富有個性化的工作上，能充分表現自己的實力。可是，他們喜歡以自我為中心，容易忽略和得罪別人，所以在人際關係上不是那麼順利，他們多數比較清高，喜歡獨來獨往和自由自在。

有的人在夾菸時，喜歡將小指揚起。這類人通常有些神經質，拘泥於小節且比較敏感，對人善惡分明。他們可能對周圍的人會略有吝嗇，這類人由於對本身的條件要求苛刻，因此他們缺乏自信。在他們的心中有些欲望無法得到滿足，因此自我表現欲望強烈，而且不太善於控制自己的情緒，有動輒勃然大怒或容易焦躁不安的一面。

有的人在抽菸時喜歡有一些身體輕輕搖晃、抖腿等下意識動作。他們喜歡一面抽著菸，一面喜歡有一些下意識動作，總是不安靜。他們通常不太在意他人的看法，想怎樣就怎樣，但做事積極，待人熱情。不過他們中很多人見異思遷，不喜歡也不習慣於單調、乏味的生活。

不同的人有不同的抽菸姿勢。有的人抽菸時姿態優雅，有的人卻略顯風塵。所以，透過不同的抽菸姿勢，我們可以從中窺見那些抽菸者的「菸品」和性格。

看握酒杯的姿勢知曉對方的性格

心理學家透過研究發現，觀察一個人握酒杯的姿勢，往往能知曉他大概的性格和心理特徵。不過，男女是要區別觀察的。

比如，一個女性總喜歡把手中的空酒杯翻來覆去玩耍，說明她有較強的虛榮心。她喜歡表現和炫耀自己。有些時候，她還有點任性，甚至有點飛揚跋扈，總是希望以自己為中心。在參加一些宴會或聚會時，她極有可能會大膽地向自己心儀的男子賣弄風情，以吸引對方注意自己的存在。與人交往時，她往往具有較強的針對性，喜歡去結交那些較有權勢的人，不過往往是事與願違，因為那些有權有勢的人又瞧不上她這樣的人。所以，她很多時候是形單影隻。

和翻來覆去玩耍空酒杯的人相似，有的女性喜歡玩弄自己的酒杯。相似的動作，因為頻率的不同，卻表現了完全不同的性格。喜歡玩弄自己的酒杯，說明她的性格較為活潑、直率、爽朗，具有較強的自信心，是非觀念也非常明確。與人交往時，不會斤斤計較，也不會睚眥必報，只要不是原則的問題，即使別人不小心冒犯了她，她也會一笑而過。做事時，她從不會猶豫不決，或者是拖拖拉拉，而是非常俐落和乾脆。

有的女性喜歡把杯子放在手掌上，一邊喝酒，一邊滔滔不絕地跟對方說話。這樣的女性，性格外向，非常活潑、開朗，善於交際，對生活的態度也非常樂觀、積極和向上。她也較為聰慧和機敏，並具有一定的幽默感，有時她也有較強的表現欲望，常常會故意製造一些意外，給人帶來耳目一新的感覺，以吸引他人注意自己。在與人交往時，無論走到哪兒，她總能將自己很快融入團體之中，所以其人際關係較好朋友也較多。做事時她信奉「言必行，行必果」，所以很容易取得成功。

有的女性習慣於一隻手緊握酒杯，另一隻手則無目的地劃著杯沿。這樣的女性，性格較為穩重，喜歡沉思，有比較獨立的個性，不會輕易地向世俗潮流低頭，具有一定的叛逆性，但表現方式不是特別恰當和明顯。她也較為喜歡結交朋友，對人也比較真誠、熱情，所以其人緣還頗為不錯。做事時她不喜歡張揚，更不喜歡出什麼風頭，僅會默默地做好自己該做的事。

有的女性喜歡握住高酒杯的腳，同時食指前伸。在她們的性格中，自負的成分占了很多，喜歡妄自尊大，常常不把別人放在眼裡。同時，她也較為世故，只對有錢、有勢、有地位的人感興趣，而對那些「寒士」或是比自己差的人，她往往會對其嗤之以鼻，這就使得她的人際關係較為糟糕。做事時，較為缺乏責任心，所以容易出現虎頭蛇尾的狀況。在遇到失敗、挫折的時候，她會知難而退。但她在做事時，各種準備工作往往會做得較為細緻。

同樣，觀察一個男性端酒杯的姿勢，也可以知曉他大概的性格和心理特徵。

一般來說，如果一個男性喜歡緊緊握住酒杯，同時用拇指緊按著杯口，這樣的男性性格外向、豪爽。那種婆婆媽媽、斤斤計較的人他們是最瞧不起的。

在與人相處時，他們非常熱情、友好、直率，因此深得朋友的喜愛。做事時很有魄力，常常是敢說敢做，正因為如此，所以有時顯得有點莽撞。

有的男性喜歡用雙手抓住酒杯，則說明其性格較為內向，邏輯思維嚴密，喜歡思考問題，冷靜是他最大的特點。在與人相處時，他「信奉君子之交淡如水」的原則，所以不會與朋友走得太近，但也不會離朋友太遠。可能他的朋友不是很多，但與其交往的往往是摯友，很少有酒肉朋友。做事時，他喜歡三思而後行，凡事都要做好相關的計畫，然後才開始行動。

有的男性喜歡把杯子緊握在掌中，同時用拇指扣住杯子的邊緣，則表明其性格較為柔順，為人忠厚，具有較為開闊的胸襟。在與人相處時，外表看來他可能對別人的態度不是很溫柔，有一種難以接近的感覺，但如果瞭解了他的心理之後，你會發現他其實是一個非常有趣的人。做事時，他非常有主見，往往有自己的獨到看法和做事方式。如果你試圖改變他的做事方式是一件非常困難的事，除非你有百分百充足的理由。

人心是能夠被「閱讀」的

有的男性喜歡用雙手捂住杯子，則說明其城府很深，十分善於偽裝自己。這類人在和他人打交道時往往會笑容滿面，實際上一點人情味也沒有。他們不會在別人面前暴露自己半點，也從不喜歡將自己的事告訴朋友，所以他們的朋友，尤其是知心朋友往往是寥寥可數的。

只要平時有區別地觀察女性與男性喝酒時的握杯方式，就能初步判斷出這是一個怎樣的人。

迫不及待地想要閱讀的人精力充沛

買回一本書或是一份報紙，有的人會迫不及待地馬上就讀，但也有人可能會把它先放在一邊，等閒暇時再安安靜靜地去享受。不同的人會有不同的閱讀習慣，這其中的差別就是由不同人的不同性格所致，所以透過閱讀的狀態和習慣也可以對一個人進行觀察。

比如，當拿到一本書或是一份報紙後，不論時間、地點和場合，有的人總是迫不及待地想看看其中到底講了什麼內容，即使是手頭上正做著別的事情，也會暫時先放一邊。這種人性格開朗而大方，真誠而又豪爽，生活態度也很積極樂觀，有充沛的精力和極大的熱情，是一個不甘於寂寞的好動分子。他們多是外向型的，做事總是雷厲風行，雖然幹勁十足，但缺乏必備的穩重和沉著。

人心是能夠被「閱讀」的

他們頭腦很靈活，具有一定的隨機應變能力，但是並不善於掩飾自己，常常是喜怒形於色，別人往往會看個一清二楚。他們的適應能力和交際能力並不差，所以在社會上還算吃得開。他們的思想比較超前，對於新鮮事物的接收能力也很強，常常會有一些大膽的設想。但缺點是太愛出風頭，有時會有些剛愎自用。

有的人在拿到一本書或是一份報紙後，先將它們放在一邊，儘快把自己手頭上的工作做好，然後在沒有任何打擾的情況下，再將之拿出來靜靜地、仔細認真地閱讀，看到比較好的內容，說不定還會剪下來貼到剪報上去。這一類型的人大多屬於內向型的，他們沉默少語，也不善於交際，所以人際關係並不是很好。但是他們卻很有自己的思想和主見，不說則已，一說常常是一鳴驚人。他們很注重現實，不會有一些不切合實際的想法和做法，自我約束能力比較強，個性獨立，辦事認真，只要去做就會力爭把事情做好。他們對周圍的人，一般不是很熱情，他們不希望從別人那裡得到什麼，也很懂得自得其樂。

有的人在拿到一本書或是一份報紙以後，只是先大概地流覽一下，然後就放在一邊不看了，因為他們很難靜下心來仔細地閱讀。這樣的人性格大多外向，生活態度是樂觀而又積極的，但有一些隨便。他們具有一定的幽默感，善於交際，興趣廣泛，但耐不住寂寞，他們希望生活中永遠都有許多人和歡聲笑語。他們具有一定的組織能力，但自我約束力差，做事經常馬馬虎虎、得過且過，且時常招惹一些是非。

還有的人在拿到書或是報紙時，放在一旁不看，只等到自己無事可做，或是心情煩悶的時候才把它們拿出來，全當是一種解悶的消遣。這一類型的人大多孤獨寂寞，而且有一些多愁善感。他們為人處世缺乏堅決果斷的魄力和勇氣，不善於交際，常常孤芳自賞、自命清高。他們多有很豐富的想像力，但又有些不實際。他們善於體貼別人，具有一定的同情心。思想比較單純為人憨厚，一般不願意傷害別人。

社會大學 36

看穿他人讀心術：人心是能夠被「閱讀」的

編　　著　李成霖
出 版 者　大拓文化事業有限公司
執行編輯　林秀如
封面設計　林鈺恆
內文排版　姚恩涵

總 經 銷　永續圖書有限公司
劃撥帳號　18669219
地　　址　22103 新北市汐止區大同路三段一九十四號九樓之一
TEL（〇二）八六四七—三六六三
FAX（〇二）八六四七—三六六〇
E-mail　yungjiuh@ms45.hinet.net
網　　址　www.foreverbooks.com.tw
法律顧問　方圓法律事務所　涂成樞律師

出 版 日◇　二〇二〇年十月

國家圖書館出版品預行編目資料

看穿他人讀心術：人心是能夠被「閱讀」的 / 李成霖
編著. -- 一版. -- 新北市：大拓文化, 民109.10
面；　公分. -- (社會大學；36)
ISBN 978-986-411-124-4(平裝)
1.行為心理學 2.肢體語言 3.讀心術
176.8　　　　109012125

TALENT Tool

大大的享受拓展視野的好選擇

大拓 Talent TooL

永續圖書線上購物網
www.foreverbooks.com.tw

謝謝您購買 看穿他人讀心術：人心是能夠被「閱讀」的 這本書！

即日起，詳細填寫本卡各欄，對折免貼郵票寄回，我們每月將抽出一百名回函讀者寄出精美禮物，並享有生日當月購書優惠！

想知道更多更即時的消息，歡迎加入"永續圖書粉絲團"

您也可以利用以下傳真或是掃描圖檔寄回本公司信箱，謝謝。

傳真電話：（02）8647-3660　　信箱：yungjiuh@ms45.hinet.net

☺ 姓名：　　□男　□女　　□單身　□已婚

☺ 生日：　　□非會員　　□已是會員

☺ E-Mail：　　電話：（　）

☺ 地址：

☺ 學歷：□高中及以下　□專科或大學　□研究所以上　□其他

☺ 職業：□學生　□資訊　□製造　□行銷　□服務　□金融

□傳播　□公教　□軍警　□自由　□家管　□其他

☺ 您購買此書的原因：□書名　□作者　□內容　□封面　□其他

☺ 您購買此書地點：　　金額：

☺ 建議改進：□內容　□封面　□版面設計　□其他

您的建議：

廣 告 回 信
基隆郵局登記證
基隆廣字第 57 號

新北市汐止區大同路三段一九四號九樓之一

大拓文化事業有限公司收

請沿此虛線對折免貼郵票，以膠帶黏貼後寄回，謝謝！